総合的な実践力を獲得する
ソーシャルワーク実習

個と地域に働きかける「4＋1の力」

監修▶ 日本福祉大学社会福祉実習教育研究センター

編集▶ 伊藤大介・上山崎悦代・川島ゆり子・杉本浩章

中央法規

刊行にあたって

　このたび、社会福祉士養成の新カリキュラムに対応したテキストを日本福祉大学社会福祉実習教育研究センターの監修により刊行することになりました。本テキストをお手に取っていただき、誠にありがとうございます。

　2020(令和2)年に社会福祉士養成課程の見直しが約10年ぶりに行われ、新カリキュラムが2021(令和3)年度から養成施設の修業年限に応じて順次施行されました。本センターでは、2015(平成27)年に旧カリキュラムに対応したテキストとして『ソーシャルワークを学ぶ人のための相談援助実習』を発行していますが、本テキストはカリキュラム改正を踏まえ、本学の養成課程において運用するために検討してきたことや実際に取り組んだ成果などを反映させた刷新版となっています。

　本テキストの特徴は大きく2点あります。1点目は、国家資格養成教育の最低限の基準(ミニマム・スタンダード)を遵守し、大学の責務と立場を踏まえて、ソーシャルワーク専門職である社会福祉士に求められる力を習得するための具体的な教育方法を記載した点です。国家資格とは、国の法律に基づいて、各種分野における個人の能力、知識が判定され、特定の職業に従事すると証明される資格であり、法律によって一定の社会的地位が保証されるため社会からの信頼性が高いとされます。そのため、養成課程をもつ養成施設や大学は養成教育に関する法令や指針等を遵守しなければならないのであり、それによって国民や社会、学生などへの説明責任を果たすことになります。しかしながら、指針等は教育のミニマム・スタンダードを示したものであり、ソーシャルワーク専門職に求められる実践能力を習得するための達成目標は記載されておらず、当然のことながら目標を実現するための教育方法や学習方法が明記されていません。ソーシャルワークの対象範囲はミクロからマクロレベルにまで至っており、取り組むべき現象も多様です。これらの状況に対応するためには、学生を受け入れた大学等が教育上の創意工夫(上乗せ・横出し)を行う必要があります。本テキストは、本学において社会福祉士養成課程を有する学部・学科の教員が実習教育の実践をもとに具体的な教育方法をまとめています。実習指導に困っている、実践能力を習得するための方法がわかりにくいなどの課題を解決するための貴重な教材となると考えています。

　2点目は、大学の建学の精神やスタンダード、各種ポリシーと結び付けた内容

となっている点です。本学は、建学の精神から生まれた教育標語である「万人の福祉のために、真実と慈愛と献身を」を体現するために、全学部が共同して、すべての人が人間らしく健康に生きられる社会づくりを目指しており、高い教養と専門知識を身につけた、人と人とのつながりを大切にして心の通い合うコミュニケーションができるスペシャリストの育成を目指しています。そして、学部を超えて学生すべてに身につけてほしい資質・能力を「日本福祉大学スタンダード＝4＋1の力(伝える力、共感する力、見据える力、関わる力、地域社会に貢献する力)」と示し、学則の「目的」や「教育の目標」には「地域社会に貢献できる人材」(人財)を本学の養成人材像の1つとして掲げています。したがって、実習が単なる資格取得の支援にとどまるのではなく、全人的な教育のなかに位置づけていることが特徴であり、テキストは教育理念や人材養成のための重要な教材といえます。

　最後に、ソーシャルワーカーは、社会正義、人権、集団的責任および多様性尊重といった原理に則り、社会変革と社会開発、社会的結束、人々のエンパワメントと解放を促進し、ソーシャルワークの理論や社会科学などの知恵・知識を基盤として、人々のウェルビーイングを高め、さまざまなシステムに働きかける専門職です。「ソーシャルワーク実習」は、グローバル定義に記された内容を実現するために必要となる能力(コンピテンシー)を獲得するための重要な科目として位置づけられています。本テキストが実習教育および学習に役立ち、実習活動をより有意義なものにし、将来のソーシャルワークのプロフェッショナルとして活躍することにつながることを願っています。

日本福祉大学社会福祉実習教育研究センター
センター長　添田正揮

目　次

刊行にあたって

序　章　ソーシャルワーカーを目指すために …………1

第1節　新たなカリキュラムにおけるソーシャルワーク実習 ………… 2
1 新カリキュラム導入の背景 ……………… 2
2 実習教育の歴史的展開 ……………… 3

第2節　求められるソーシャルワーク機能とソーシャルワーカー ………… 5
1 ソーシャルワーク機能が求められる社会の理解 ……………… 5
2 ソーシャルワーク機能とソーシャルワーカーの役割 ……………… 7

第3節　ソーシャルワーク実習で身につける「4＋1の力」 ……………… 9
1 人と社会に関わるうえでの「4＋1の力」 ……………… 9
2 ソーシャルワークにおける「4＋1の力」 ……………… 9

コラム　日本福祉大学スタンダード「4＋1の力」の成り立ち ………… 12

第1章　ソーシャルワーク実習とは ……………… 15

第1節　ソーシャルワーク実習の構造 ………… 16
1 ソーシャルワーク実習の構造の理解 ……………… 16
2 実習における個と地域の連動 ……………… 17

第2節　ソーシャルワーカーを目指すための実習 ………… 19
1 「講義」「演習」「実習」の相互関係 ……………… 19
2 ソーシャルワーク実習で学ぶこと ……………… 20
3 ソーシャルワーク実習指導で学ぶこと ………………22

第3節	ソーシャルワーク実習の目標と動機づけ ……………………… 25
	❶ ソーシャルワーク実習の目標 ……………………………… 25
	❷ 実習の動機づけ ……………………………………………… 29

第2章　実習前の学習 …………………………………… 33

第1節	実習前の学習の目的と学び方 ………………………………… 34
	❶ 実習前の学習の目的 ………………………………………… 34
	❷ 現場体験学習の意義と実習に向けた学習 ………………… 37

第2節	実習施設の理解 ………………………………………………… 39
	❶ 実習施設の法的根拠と目的 ………………………………… 39
	❷ 実習施設が関わる他の職種や機関の理解 ………………… 42

第3節	実習施設が所在する地域の理解 ……………………………… 44
	❶ 実習前に行う地域アセスメントの意義 …………………… 44
	❷ 行政計画を踏まえた地域の理解 …………………………… 46

第4節	実習計画の作成と実習記録の書き方 ………………………… 48
	❶ 事前打ち合わせと実習計画の作成 ………………………… 48
	❷ ソーシャルワーク記録の歴史と実習記録 ………………… 53

コラム	個と地域に働きかけるための視点の切り替え
	－ソーシャルワーカーのメガネ－ …………………………… 59

第3章　実習中の学習 …………………………………… 61

第1節	実習における目標と学び方 …………………………………… 62
	❶ 実習における達成目標・行動目標 ………………………… 62
	❷ 実習計画と実習記録の活用 ………………………………… 65

目　次

第2節　ソーシャルワーカーの責務と技術 ………………………… 69
1 ソーシャルワーカーの倫理と職責 ……………………………… 69
2 ソーシャルワーカーに求められる技術 ………………………… 72
3 本節の内容と「4＋1の力」の関係 ……………………………… 77

第3節　コミュニケーションと関係形成 ………………………… 79
1 クライエント・家族等および実習で関わる人々とのコミュニケーション … 79
2 クライエント・家族等との援助関係の形成 …………………… 84
3 本節の内容と「4＋1の力」の関係 ……………………………… 89

第4節　実習施設の理解 …………………………………………… 91
1 実習施設・職種の機能と役割 …………………………………… 91
2 実習施設の経営とサービスの運営管理 ………………………… 96
3 実習施設・クライエントと関わる社会資源 …………………… 97
4 地域における実習施設の役割 …………………………………… 99
5 本節の内容と「4＋1の力」の関係 ……………………………… 99

第5節　個別支援の取り組み …………………………………… 102
1 クライエントのアセスメント ………………………………… 103
2 個別支援計画の作成と実施 …………………………………… 105
3 個別支援計画のモニタリングと評価 ………………………… 107
4 個別支援における多職種連携およびチームアプローチ …… 108
5 本節の内容と「4＋1の力」の関係 …………………………… 110

第6節　地域支援の取り組み …………………………………… 113
1 地域のアセスメント …………………………………………… 114
2 地域を対象とする計画の作成 ………………………………… 115
3 地域を対象とする計画のモニタリングと評価 ……………… 116
4 地域支援における多職種連携およびチームアプローチ …… 117
5 本節の内容と「4＋1の力」の関係 …………………………… 118

第4章　実習後の学習 ……………………………………………… 123

第1節　実習後の学習の目標と学び方 ………………………… 124
1 実習後の学習の目標 ……………………………………………… 124
2 実習（1か所目）での学びの振り返り …………………………… 127
3 実習（2か所目）並びに実習全体での学びの振り返り ………… 128

第2節　実習を通して獲得したソーシャルワークの学び ……… 131
1 実習の成果と課題を言語化する ………………………………… 131
2 実習報告書の作成とプレゼンテーション ……………………… 134

第3節　ソーシャルワーク実習で身につけた「4＋1の力」 …… 136
1 「4＋1の力」を言語化する ……………………………………… 136
2 「4＋1の力」を活かした自己の成長 …………………………… 137

おわりに―ソーシャルワーカーとなりゆく皆さんへ―

資　料

1 ソーシャルワーク実習指導ガイドライン ……………………… 144
2 ソーシャルワーク実習教育内容・実習評価ガイドライン ……… 151
3 ソーシャルワーカーの倫理綱領 ………………………………… 157
4 社会福祉士の倫理綱領 …………………………………………… 161

索　引

編著者一覧

序章

ソーシャルワーカーを目指すために

第1節	新たなカリキュラムにおけるソーシャルワーク実習
第2節	求められるソーシャルワーク機能とソーシャルワーカー
第3節	ソーシャルワーク実習で身につける「4＋1の力」
コラム	日本福祉大学スタンダード「4＋1の力」の成り立ち

第1節

新たなカリキュラムにおける
ソーシャルワーク実習

1 新カリキュラム導入の背景

　1988(昭和63)年から養成が始まった社会福祉士の登録者数は、2024(令和6)年には約30万人を数える。後に制度化された精神保健福祉士とともに、ソーシャルワーク専門職としての社会的な認知度を高めてきた。

　それは、社会福祉士による今日までのさまざまな実践が評価された証であると同時に、次節で詳述するように、我が国がソーシャルワークを必要とする社会に置かれていることをも意味する。そのような社会にあって、社会福祉士養成課程の教育内容は、2021(令和3)年度から新たなカリキュラムに再編成された。その内容は後述することとし、ここでは、なぜ新カリキュラムに移行することとなったのか、その背景を取り上げよう。

　我が国では、人々の暮らしや意識等が大きく変化したことによって、従来、家族によって支えられてきたさまざまな生活課題について、地域社会で支えていかなければ、たちまち生活が成り立たなくなる状況が生じている。分野や対象ごとに整備された既存の制度の狭間にある、あるいは、そもそも制度が対象としていない・対象とできない生活課題への対応も求められる。

　そのような生活課題がありながらも、人々が地域のなかで、地域社会の一員として自分らしく暮らしていくことができる社会——地域共生社会の実現に向けて、ソーシャルワーク機能が必要であるとの理解が拡がってきた。

　換言すれば、社会福祉士には、複合化・複雑化した生活課題を有するクライエントへのミクロレベルの対応のみならず、クライエントの暮らしに影響を及ぼすメゾレベルでの介入や、クライエントが暮らす地域の組織化といったマクロレベルでの対処という、3つのレベルを同時に視野に入れたソーシャルワーク実践が期待されている。

　そのため、新たなカリキュラムにおいては、地域共生社会の実現に向けて必要な、制度横断的な生活課題への対応や社会資源の開発ができる実践能力を修得することを意図し、実習教育の質・量の拡充が図られることに至ったのである。

2 ▶ 実習教育の歴史的展開

社会福祉士養成の実習教育は、これまで大きく二度の見直しが行われている。実習教育では何をねらいとし、何を教授しようとしたのか。その変遷から、社会福祉士の立ち位置と求められる役割を概観しよう。

1）1988（昭和63）年度カリキュラム 科目名称「社会福祉援助技術現場実習」

1988（昭和63）年に施行された社会福祉士及び介護福祉士法により、国家資格制度に基づく実習教育が始まった。その目標は表1の5つであった。

実習時間は最低4週間（180時間）以上とされたが、実習内容に対する縛りは緩やかで自由度が高い反面、実習教育の内容や質の均質性は十分に担保されていなかった。また、当初、実習配属が認められる指定施設の種別の範囲はかなり狭かった。その一例が病院実習の扱いである。当時の社会福祉士の定義に基づけば、福祉サービスを必要とする利用者たるクライエントと、医療サービスを受ける患者であるクライエントが区別されていた。そのため、浅賀ふさに始まる医療ソーシャルワークの歴史は、実習科目のカリキュラムに反映されず、医療機関での実習が認められないという矛盾を抱えたものであった。

表1　社会福祉援助技術現場実習の目標

① 現場体験を通して社会福祉専門職（社会福祉士）として仕事をするうえで必要な「専門知識」「専門援助技術」及び「関連知識」の内容の理解を深める。
② 「専門知識」「専門援助技術」及び「関連知識」を実際に活用し、相談援助義務に必要となる資質・能力・技術を習得する。
③ 職業倫理を身につけ、福祉専門職としての自覚に基づいた行動ができるようにする。
④ 具体的な体験や援助活動を、専門的援助技術として概念化し理論化し体系立てていくことができる能力を涵養する。
⑤ 関連分野の専門職との連携のあり方及びその具体的内容を理解する。

2）2007（平成19）年度カリキュラム 科目名称「相談援助実習」

実習時間は180時間に据え置かれたものの、実習教育の内容は大きく見直された。実習指導者や実習科目を受けもつ教員となるための要件が厳密に課され、体系的な学修を意図した実習プログラムの3段階モデルが示されるなど、ソーシャルワーク専門職たる社会福祉士養成のための実習であることが強調されたカリキュラムといえる。

しかし、社会福祉士の定義に紐づいた科目名称は「相談援助実習」とされた。この「相談援助」は狭義の直接的な対人支援にとどまらず、「個人への支援から地域福祉の増進まで視野に入れて実践する専門職の活動はソーシャルワークであり、社会福祉士が行う『相談援助』と『ソーシャルワーク』は同義」と解釈される。ただし、それはソーシャルワークの訳語が相談援助となるものではなく、あくまで解釈としての説明にすぎない。その意味においては、制度的そして社会的にも、ソーシャルワーク専門職としての地位をまだまだ確立しきっていなかったといえるだろう。

表2　相談援助実習のねらい

① 相談援助実習を通して、相談援助に係る知識と技術について具体的かつ実際的に理解し実践的な技術等を体得する。
② 社会福祉士として求められる資質、技能、倫理、自己に求められる課題把握等、総合的に対応できる能力を習得する。
③ 関連分野の専門職との連携のあり方及びその具体的内容を実践的に理解する。

3）2021（令和3）年度カリキュラム　科目名称「ソーシャルワーク実習」

実習時間が60時間増え240時間になるとともに、機能の異なる2か所以上の実習施設で学ぶことが必須となった。科目名称が「ソーシャルワーク実習」となり、厚生労働省が示す「ソーシャルワーク実習のねらい」（表3）を見ても、社会福祉士がソーシャルワーク専門職であり、その養成を図る実習であることが明確に示されることとなった。

社会福祉士の実践に係るさまざまな法制度では、「相談援助」の用語が使用されているままではある。しかし、表2と表3に示す実習のねらいを見比べるとわかるように、ソーシャルワーク実習は、相談援助としてのそれではなく、名実ともにソーシャルワークを学ぶ実習に深化した大きな改正であったといえるだろう。

表3　ソーシャルワーク実習のねらい

① ソーシャルワークの実践に必要な各科目の知識と技術を統合し、社会福祉士としての価値と倫理に基づく支援を行うための実践能力を養う。
② 支援を必要とする人や地域の状況を理解し、その生活上の課題（ニーズ）について把握する。
③ 生活上の課題（ニーズ）に対応するため、支援を必要とする人の内的資源やフォーマル・インフォーマルな社会資源を活用した支援計画の作成、実施及びその評価を行う。
④ 施設・機関等が地域社会のなかで果たす役割を実践的に理解する。
⑤ 総合的かつ包括的な支援における多職種・多機関、地域住民等との連携のあり方及びその具体的内容を実践的に理解する。

第2節

求められるソーシャルワーク機能とソーシャルワーカー

1 ソーシャルワーク機能が求められる社会の理解

　前節では、新カリキュラム導入の背景として地域共生社会の実現が求められている社会の現状について触れた。本節では、地域共生社会がなぜ社会の目標とされるようになったのかという流れについてもう少し詳しく見ていくとともに、そのなかでどのようなソーシャルワークの機能が求められているのかを確認していく。

　我が国では戦後の混乱期を経て、次々と分野別の社会福祉法制度が整備され、それらの制度に基づき高齢、障害、児童など、分野別に社会福祉事業（サービス）が整えられていった。それでもサービスが不足する部分については、家族のケア、地域の助け合い、そして勤務する事業所の福利厚生などが、社会のなかで何重もの安全網となって人々の暮らしの安心を支えてきた。福祉制度の支援の対象となるのは、それらの安全網では支えることができない、一部の人に限られていたのである。

　ところが、その安全網が徐々にほころびを見せ始める。高齢化が急速に進み、地域のなかで十分なケアを受けることのできない高齢者が増加した。核家族化が進み、単身世帯の割合も増加し、地域のつながりが弱くなるなか、家族や近隣でケア役割を担うということが難しくなってきている。経済の低成長期が続いたことで生活に困窮する人も増加し、分野別の福祉制度では対応しきれないような、複雑化・困難化しているケースも多数報告されるようになっている。支援が必要な状況は、もはや他人事ではなく誰にとっても起こり得る出来事となった。

　このような状況に対して、福祉の仕組みそのものを再構築する動きが2010年代半ばから政策的にも見られるようになる。2015（平成27）年、「新たな時代に対応した福祉の提供ビジョン」が厚生労働省より示され、そのなかで包括的に相談を受け止める仕組みと、分野を越えた総合的な支援の提供を目指すというこれからの福祉の方向性が示された。2019（令和元）年には地域共生社会推進検討会の最終とりまとめが出され、包括的に相談を受け止め、総合的に支援を展開していくという新たな包括的支援機能について図1のようにまとめられた。

　支援が必要な状況の人の相談をしっかりと受け止め、その解決に向けた対応をしていくといういわゆる従来からの相談援助のみではなく、制度の狭間に陥っているようなケースへの対応、あるいは長期にわたって寄り添い、関わり続けるような、より能動的な「断らない相談支援」が示されている。それだけではなく、クライエントが社会とのつながりや参加の機

会を得ることができるように支援していく「参加支援」や、クライエントが暮らす地域そのものをより豊かにしていく「地域づくりに向けた支援」の機能も含まれている。

　従来の相談援助という視点から見ると、「やらなければならないことがものすごく広くなった。大変だ」という印象をもつかもしれない。しかし、ここでもう一度ソーシャルワークとは何かということを考えてみよう。

　グローバル定義によると、「ソーシャルワークとは、人々が主体的に生活課題に取り組みウェルビーイングを高められるよう人々に関わるとともに、ウェルビーイングを高めるための変革に向けて人々とともにさまざまな構造に働きかける」機能であるとされている。ウェルビーイング、すなわち地域での普段の暮らしのよりよい状態を目指すのであれば、図1で示されているように、クライエントへの相談支援と同時に、クライエントと社会の接点にも働きかけ、環境としての地域づくりに向けての支援も展開していく包括的支援の総体は、まさにソーシャルワーク機能そのものといえるのではないだろうか。

　カリキュラム改正により、科目名称が「相談援助実習」から「ソーシャルワーク実習」に変更された。これは単に名前が変わったということではなく、人々に関わるとともに、さまざまな構造に働きかけることができるソーシャルワーク機能が、これからの社会で今こそ必要とされているということであり、ソーシャルワーク実習はこのような人材に実習生自身が近づいていくことができるように、意識して取り組んでいく必要がある。

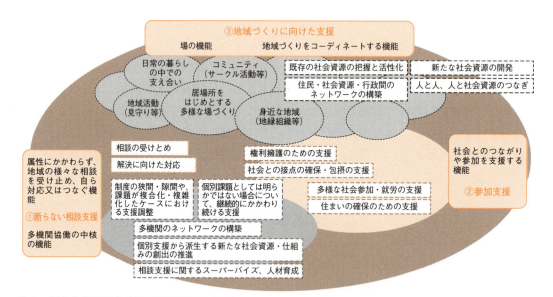

図1　新たな包括的な支援の機能等について
出典：厚生労働省「地域共生社会に向けた包括的支援と多様な参加・協働の推進に関する検討会（地域共生社会推進検討会）　最終とりまとめ（概要）」2019年

2 ソーシャルワーク機能とソーシャルワーカーの役割

ソーシャルワーク機能のミクロ・メゾ・マクロの方法論の統合はジェネラリスト・ソーシャルワークとして示されており、包括的支援体制を進めるうえでのソーシャルワーク実践の理論基盤となる。ジョンソンとヤンカによるジェネラリスト・ソーシャルワークの理論を確認してみよう(Johonson&Yanca)。

ジェネラリスト・ソーシャルワークは、システム理論と生態学の考え方から大きな影響を受けている。ソーシャルワーカーは、クライエントとクライエントを取り巻く環境のさまざまな要素との交互作用に介入することで、生活課題の解決に向けた変化を引き起こそうとする。

変化を起こそうとするその過程において、クライエント自身がその変化を生み出す主体者であるというソーシャルワークの価値を反映する点も、ジェネラリスト・ソーシャルワークの重要なポイントとなる。また、変化に向けて働きかける機能を、一人のソーシャルワーカーが担うのではなく、多様な関係者のネットワークを形成して実践する重要性も「マルチパーソン援助システム」として提起されている。

では、このようなジェネラリスト・ソーシャルワークのミクロ・メゾ・マクロレベルの一体的な介入という考え方を、より実習の実践に引きつけてイメージするために、地域のなかのどのような要素の交互作用にソーシャルワーカーが介入するのかを具体的に考えてみよう。そのガイドとしてピンカスとミナハン(Pincus & Minahan)によるソーシャルワークにおける4つのシステムを参考にしてみたい。4つのシステムとは、①チェンジ・エージェント・システム：ソーシャルワーカー自身とソーシャルワーカーが所属する組織、②クライエント・システム：生活課題を抱えるクライエントと同じような状況にある人々、③アクション・システム：変化に向けてクライエント・ソーシャルワーカーとともに行動を起こす人々、④ターゲット・システム：クライエントの生活課題の解決に向けて変化を促すターゲットのことである。これら4つのシステムとミクロ・メゾ・マクロの枠組みを石川(2019)の論考を参考に、ソーシャルワーク実習を行う施設・機関とそれを取り巻く環境としての地域においてみると図2のようになる。

従来の相談援助実習では、ミクロレベルのクライエントへの支援に対し、クライエントとまずは信頼関係を構築し、アセスメントによりニーズを整理したうえで、実習機関内のソーシャルワーカー・専門職の連携・クライエント本人やインフォーマルな支援者とも連携しながら、活用できる制度・サービスをどのように組み合わせ支援を実施するかということにフォーカスが当たっていた。

一方、ソーシャルワーク実習では、ミクロレベルでの相談援助支援を核としながらも、それにとどまらずミクロからメゾ、そしてマクロレベルへと視点を拡げていくことを意識する必要がある。その拡大の軸として、図2中の太矢印に着目してほしい。

クライエント・システムをメゾレベルに拡大し、Aさんと同じような悩みを抱える人がほ

かにもこの地域に複数いると想定したとき、チェンジ・エージェント・システムは、一人のソーシャルワーカーではなく、組織としてどのように取り組むかという視点に拡大するし、一緒に課題解決に向かって行動を起こしていくアクション・システムは、地域のなかでその課題に共感してくれる地域住民や当事者組織、他の組織の専門職に拡がっていく。変化を促す相手としてのターゲット・システムは、まだこの課題を認識していない地域住民や理解していない専門職であり、活用できる可能性がある地域の資源であったりする。さらに、その視点をより広域なマクロレベルにまで拡げていくと、制度政策への働きかけが求められるということに気づく。その際にチェンジ・エージェント・システムとしてのソーシャルワーカーの行動の基盤となるのは価値規範・倫理綱領であり、国家資格としての責務ということになる。

　ミクロ・メゾ・マクロの連動を意識することは、実習現場ではたやすいことではない。ともすると目の前のクライエントへの対応に気持ちが集中してしまいがちになるのも、当然のことである。だからこそ、目の前のクライエントの課題に向き合う際に、この人だけの問題ではないという意識をもつことを常に心がけ、環境としての地域に働きかけて変化を促していくこともソーシャルワークの役割であるということを意識しながら実習に取り組んでほしい。

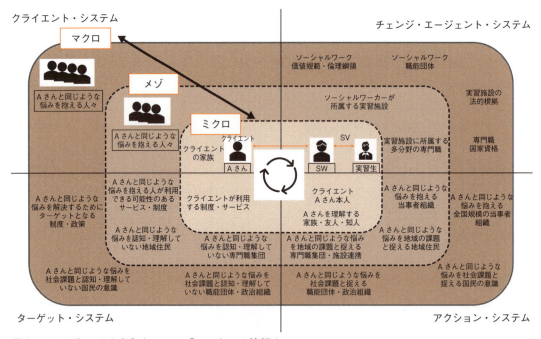

図2　4つのシステムとミクロ・メゾ・マクロの枠組み

第3節

ソーシャルワーク実習で身につける「4＋1の力」

1 人と社会に関わるうえでの「4＋1の力」

　前節では、現代社会のなかで相談支援と地域づくりを一体的に進めていくソーシャルワーカーの役割について示してきた。人と社会に関わるソーシャルワーカーの存在意義はますます高まっている。ここで、もう少し広い視点に立ち、人と社会に関わりながらよりよい社会づくりに向けて貢献するうえで基盤となる力とはどのような力かということについて考えていく。

　社会に貢献するアプローチは福祉に限らず多様に存在する。ある人は経済の活性化をベースに社会への貢献を目指し、ある人は新しいテクノロジーの開発から社会への貢献を目指している。これからの子どもたちの育ちを支えるために教育の現場で社会への貢献を志す人もいるだろう。ここで大前提となるのは、社会をよりよくするうえでの課題も多様であり、課題解決へのアプローチも多様であるということである。社会は多様性を前提としている。

　その多様性を、社会をよりよくするための推進力に変えていくために必要な力は、他者を排除することでも他者を打ち負かすことでもない。多様性を前提としながらも自分とは違う他者と対話し、互いを理解するための「伝える力」であり、違いを前提としながらも共通点を見出し、ともによりよい社会を目指す「共感する力」である。そのうえで社会のなかでどのような課題があり、またその解決に向けて社会にどのような力や可能性が存在するのかを理解し、何をなすべきかを理解する「見据える力」が求められる。そして、よりよい社会づくりに向けて、具体的に課題解決に向けて多様性を前提としながらもそれぞれの強みを出し合って他者とともに行動を起こし、地域のなかで「関わる力」を発揮していく。これらの総体がまさにプラス1の力である「地域社会に貢献する力」となって束ねられていく。

2 ソーシャルワークにおける「4＋1の力」

　それでは、この「4＋1の力」をソーシャルワークに引きつけて考えてみよう。ソーシャルワーカーが出会うクライエントは一人ひとりがかけがえのない唯一無二の存在であり、多様性に満ちている。またソーシャルワーカー自身も経験や専門性は多様である。ソーシャルワーカーはクライエントと出会い、コミュニケーションを通じて相互に「伝える力」を高め、クラ

第3節　ソーシャルワーク実習で身につける「4＋1の力」　**9**

イエントとの信頼関係を構築していく。それと同時に図2にあるように、クライエント・システム、チェンジ・エージェント・システム、アクション・システム、ターゲット・システムそれぞれの関係者に対して、相互の考えや役割を理解し合うために「伝える力」を高めるように働きかけていく。

　そのうえで、ソーシャルワーカーはクライエントの悩みや思い、こうありたいという願いに耳を傾け「共感する力」を高めていく。また、それぞれのシステムの関係者間の考え方の違いや相互の役割の違いを越え、クライエントの生活課題をともに解決し、よりよく生きることができる社会づくりという共通の目標に向けて、相互に「共感する力」が高まるように働きかけていく。

　クライエントの生活課題を実際に解決していくために、ソーシャルワーカーは、まずクライエントの暮らしの現状を把握し、またその生活課題の解決に向けて社会にどのような力や可能性が存在するのかを理解し、ソーシャルワークの介入として何をなすべきかを理解する「見据える力」が求められる。また、クライエントの生活課題やクライエントを取り巻く課題の現状について、それぞれのシステムの関係者がより深く理解できるよう、関係者の「見据える力」を高めるために働きかけていく。

　そのうえで、クライエントの生活課題の解決に向けて具体的に行動を起こしていくために、ソーシャルワーカーには「関わる力」、つまり実践力を高めていくことが求められる。ソーシャルワーカーは、クライエントのよりよい暮らしの実現のために、生活課題を解決することを目指す専門職であり実践者であるから、そのための実践力としての「関わる力」を常に高める努力をし続けていく。しかし、図2にあるように、アクションを起こしていくのはソーシャルワーカーだけではない。クライエント・システム、チェンジ・エージェント・システム、アクション・システムの関係者の「関わる力」を高めるために、それぞれの関係者に働きかけていくこともソーシャルワークの重要な役割となる。

　このように見ていくと、ソーシャルワークにおける4つの力は、ソーシャルワーカー自身の4つの力を高めていくという意味と、ソーシャルワーカーが4つのシステム（クライエント・システム、チェンジ・エージェント・システム、アクション・システム、ターゲット・システム）の関係者に働きかけ、それぞれのシステムにおける4つの力が高まるように働きかけていくという二重の意味をもつことが理解できるだろう。これこそが、まさに相談支援と地域づくりを一体的に進め、ミクロ・メゾ・マクロを連動させていくソーシャルワーカーの役割という意味である。

　自分自身のソーシャルワーク実践力を高めることと、地域社会における4つのシステムの関係者がよりよい社会づくりに向けて4つの力を高めることを支える働きかけをしていくことの総体が、プラス1のよりよい地域社会づくり＝地域共生社会の実現につながっていくのである。

引用・参考文献・資料

○一般社団法人日本社会福祉士養成校協会実習教育委員会「相談援助実習・実習指導ガイドラインおよび評価表」2013年
（http://www.jaswe.jp/practicum/jisshu_guideline2015.pdf）

○一般社団法人日本社会福祉士養成校協会演習教育委員会「相談援助演習のための教育ガイドライン」2015年
（http://www.jaswe.jp/practicum/enshu_guideline2015.pdf）

○「社会福祉士養成施設等における授業科目の目標及び内容並びに介護福祉士養成施設等における授業科目の目標及び内容について」（昭和63年2月12日社庶第26号厚生省社会局長通知）

○「社会福祉士介護福祉士養成施設指定規則第3条第1号ワ及び第5条第14号イ、社会福祉士介護福祉士学校指定規則第3条第1号ワ及び第5条第14号イ並びに社会福祉に関する科目を定める省令第4条第1項第7号の規定に基づき厚生労働大臣が別に定める施設及び事業」（昭和62年12月15日厚生省告示第203号）

○社会保障審議会福祉部会福祉人材確保専門委員会「ソーシャルワーク専門職である社会福祉士に求められる役割等について」2018年
（https://www.mhlw.go.jp/file/05-Shingikai-12601000-Seisakutoukatsukan-Sanjikanshitsu_Shakaihoshoutantou/0000199560.pdf）

○厚生労働省「新たな時代に対応した福祉の提供ビジョン」2015年
（https://www.mhlw.go.jp/kyouseisyakaiportal/keii/pdf/fukushiteikyovision.pdf）

○厚生労働省「地域共生社会に向けた包括的支援と多様な参加・協働の推進に関する検討会（地域共生社会推進検討会）最終とりまとめ（概要）」2019年
（https://www.mhlw.go.jp/content/12602000/000582595.pdf）

○Louise C.Johnson & Stephen J.Yanca, *Social Work Practice:A Generalist Approach, 7th ed*, Allyn & Bacon, 2001（山辺朗子・岩間伸之訳『ジェネラリスト・ソーシャルワーク』ミネルヴァ書房、2004年）

○石川久展「わが国におけるミクロ・メゾ・マクロソーシャルワーク実践の理論的枠組みに関する一考察──ピンカスとミナハンの4つのシステムを用いてのミクロ・メゾ・マクロ実践モデルの体系化の試み」『Human Welfare』第11巻第1号、pp.25-37、2019年

コラム

日本福祉大学スタンダード
「4＋1の力」の成り立ち

　日本福祉大学では、学部を問わずすべての学生が身につけるべき能力・態度として、「日本福祉大学スタンダード：『4＋1の力』」（以下、スタンダード）を定め、さまざまな教育活動を展開してきている。スタンダード成立のきっかけは、2007（平成19）年に、大学全体の教育改革を進めるにあたり、「福祉大学のアイデンティティ」を学生にいかに獲得させるのかという議論がなされたことにある。1953（昭和28）年に単科の中部社会事業短期大学としてスタートした本学は、その後、日本初の社会福祉学の四年制大学となり、さらには社会福祉学部以外の複数の学部を有する「ふくし*の総合大学」となった。その一方、社会福祉学部以外の学生にとって、自学部での専門的な学びと、「日本福祉大学でのふくしの学び」をどのように有機的に結び付け、それを他者に伝えるのかが課題とされた。そこで、スタンダードを制定し、それに基づき大学で推進されている教育活動を位置づけ直すこととしたのである。

　スタンダードの策定にあたっては、その根幹を、建学の精神に基づいて制定された教育標語である「万人の福祉のために、真実と慈愛と献身を」に置くこととし、それを学生が理解しやすいように表現するため、真実＝「見据える力」、慈愛＝「共感する力」、献身＝「関わる力」、さらにそれらの力の基礎として「伝える力」を設定することにより、「4つの力」をスタンダードとして定めた。「伝える力」「見据える力」は、大学で学ぶ者が一般に共通して求められる力であり、これを「基礎スタンダード」、「共感する力」「関わる力」は、日本福祉大学で学ぶうえで特に重要となる力であり、これを「上級スタンダード」とした。これにより、本学のスタンダードは、他の大学に見られるような基礎教育上の目標にとどまらず、それぞれの学生が卒業までに獲得を目指すより大きな目標とすることができた。

　スタンダード教育が本学において議論されていた当時は、現在とは異なり、教育目標や学位授与方針に基づく教育の議論が未成熟であったこともあって、全学部を対象とした教育目標であるスタンダードは社会的にも大きく注目された。2009（平成21）年には、文部科学省の競争的資金である「大学教育推進プログラム」（GP）に採択され、その取り組みを加速させることとなった。GP採択を契機として、スタンダードを単

なる学生に向けた学習の目標にとどめるのではなく、教員や職員もが共有すべきものであると再定義し、その考え方に基づき教職員への教育・職務能力向上のための取り組み(FD・SD活動)が展開されることとなった。また2011(平成23)年には、スタンダード教育を強力に推進する学内組織である全学教育センターが設立され、学生の「4つの力」育成に向けた教育活動を行うとともに**、全学FD活動の展開もなされている。

　さらに2014(平成26)年には、同じく文部科学省の競争的資金である「地(知)の拠点整備事業」(COC)に採択され、日本福祉大学の全学部と全学教育センターの地域連携教育を組み合わせることにより、市民力・ボランティア精神・リーダーシップを備え、「ふくし社会」を担う「人財(人材)」となる「ふくし・マイスター」を育成するプログラムを推進することとなった。COCの取り組みを通じ、大学で学んだ知識・技能を、地域課題の解決に活用することができる能力である「地域社会に貢献する力」は、4つの力と並び、すべて本学で学ぶ学生にとって必須の力であることが認識され、ここにおいてスタンダードは、「4＋1の力」となった***。毎年、半数以上の学生が「ふくし・マイスター」の称号を得て卒業していることからも、取り組みが着実に根付いていることが理解できる。

　少子高齢化をはじめとする、さまざまな問題が顕在化する現在の日本社会において、今こそが「福祉の出番」であることは疑問のないところである。日本福祉大学で学ぶ学生は、大学における正課内外の取り組みを通じて「4＋1の力」を身につけ、卒業後、人々の「ふつうのくらしのしあわせ」を支えることが期待されている。本学においても、スタンダード教育の内容、手法を不断に見直し、充実させることにより、福祉社会実現の礎を築かんことを期している。

日本福祉大学副学長
中村信次

*本学では、広がる福祉の概念を、「ふつうの、くらしの、しあわせ」の頭文字をとり、ひらがなで「ふくし」と表現している。

**代表的な全学教育センター科目としては、「伝える力」のための「コミュニケーション力演習」、「見据える力」のための「日本福祉大学の歴史」、「共感する力」のための「福祉の力」、「関わる力」のための「ふくしフィールドワーク実践」などがある(2024(令和6)年度現在)。

***「地域社会に貢献する力」は、「4つの力」を身につけたうえで、それを応用して問題を解決する力であり、その位置づけは「4つの力」と異なるものである。そこで、5つの力とはせず、「4＋1の力」としている。

第1章

ソーシャルワーク実習とは

第1節	ソーシャルワーク実習の構造
第2節	ソーシャルワーカーを目指すための実習
第3節	ソーシャルワーク実習の目標と動機づけ

第1節

ソーシャルワーク実習の構造

1 ソーシャルワーク実習の構造の理解

　ソーシャルワーク実習（以下、実習）では、機能の異なる2か所以上の実習施設で合計240時間以上学び、そのうちの1か所では180時間以上の実習を行うことが必須となる。この「機能の異なる実習施設」とは、①異なるサービスを提供していること、②異なる対象に対してサービスを提供していること、③主たる対象は同じだが提供するサービス内容や地域のなかで果たす機能が異なること、のいずれかを指す。

　1つの実習施設での実習時間が長く設定されているのは、ソーシャルワークの一連の過程を、多機関・多職種連携や地域との関係性を含めた包括的な支援として、網羅的かつ集中的に学ぶことを意図したものである。

　残り60時間分の実習の実施が、180時間以上の実習の前か後かは、各養成校の実習カリキュラムで異なり、60時間をさらに分割し実習を行う場合もある。240時間以上にわたる、実習の全体を通した「ねらい」や「達成目標」は次節で示す通りであるが、2か所それぞれの実習において、何の・どこまでの達成が求められるのかを理解したうえで、実習前の学習に取り組むことが肝要である。

　実習は、社会福祉士実習指導者講習会を修了した実習指導者が作成した、実習プログラムに基づき展開される。実習プログラムは、実習施設の特徴に応じた達成目標・行動目標をもとに作成され、すべての実習生を対象とした「基本実習プログラム」と、実習生が作成する実習計画書とすり合わせる「個別実習プログラム」の2種類がある。

　実習中、実習生と実習指導者はそれぞれ、スーパーバイジー、スーパーバイザーとして、実習スーパービジョン関係を結ぶ。また、教員をスーパーバイザーとした、週1回以上の巡回指導による実習スーパービジョンも行われる。2人のスーパーバイザーが存在するこの状態を「スーパーバイザーの二重構造」と呼ぶ。

　他方、実習指導者は、クライエントに対する自身のソーシャルワーク実践においては、スーパーバイジーともなり得る。実習中は、実習生とともに2人のスーパーバイジーが存在することとなり、これは「スーパーバイジーの二重構造」である。

　このように、実習は「スーパービジョンの二重構造」のなかで展開される。実習生は、スーパーバイジーとしての役割を果たす責任があることに自覚的であるべきだろう。

　実習を終えれば、実習生は自身の取り組みやその成果に対して自己評価をし、実習指導者からは実習評定を受ける。それらをもとに、実習生は実習後の学習を深めたうえで、その成

果も合わせ、養成校による最終的な実習科目の成績評定や単位認定が行われる。

実習生は、これら一連の実習教育を通して、ソーシャルワーカーとしての実践能力を修得していく。その実践能力とは、換言すれば、「ソーシャルワーク専門職である社会福祉士に求められる役割等について」に示されたソーシャルワークの2つの機能——①複合化・複雑化した課題を受け止める多機関の協働による包括的な相談支援体制、②地域住民等が主体的に地域課題を把握して解決を試みる体制——の構築であり、その実践能力の土台がソーシャルワークの「4＋1の力」となる。

2 実習における個と地域の連動

ソーシャルワークが展開されるフィールドにおいて、実習生は、クライエント・システムや社会環境システムとの密接な関係のなかに身を置き学んでいく。その学修にあたっては、特定の分野・対象だけからの学びにとどまらない、多面的かつ多角的な視点をもつことが求められる。地域における多様な福祉ニーズや多職種・多機関協働、社会資源の開発等、総合的かつ包括的な支援について実践的に学ぶために、機能が異なる実習施設で取り組み、実践力を磨いていくことになる。

具体的には、次節に示す通り、インフォーマルな社会資源も活用した支援計画の作成など、地域住民等との連携を実践的に学ぶとともに、実習施設が地域社会のなかで果たす役割の理解も求められる。ミクロからメゾ、マクロにわたるソーシャルワーク実践の全体像を、自身の取り組みを通して知ることになる。

人々の多様な生活課題を支えていくうえでは、福祉関係者だけでない、保健・医療等の近接領域だけでもない、地域生活に関わるさまざまな領域の人や組織と結び付くための実践技術が求められる。その技術とは、アウトリーチ、ネットワーキング、コーディネーション、ネゴシエーション、ファシリテーション、プレゼンテーション、ソーシャルアクションである。

たとえば、子育て中の生活に困窮する家庭があったとしよう。生活困窮であることやその度合いは、周囲の人々であっても日々の生活を通しては見えにくい。地域アセスメントに取り組むなかで、そういった潜在化している個々のニーズを発見しアウトリーチすることを通して、地域生活課題としても顕在化させることにつながっていく。

また、その課題への手立ての1つに、ボランティア団体が運営する子ども食堂の活用があるとしよう。しかし、着目する視点は、子どもたちが子ども食堂に通うことができるという関係性だけではない。子ども食堂の運営に協力する地域住民やフードバンク活動団体はどう結び付くのか、さらには、地域にあるスーパーマーケット等の小売業者に対してフードバンク活動への理解をどう拡げていくのか、ネットワーキングやコーディネーション、ネゴシエーション等々の技術を駆使していく実践がある。さらには、「子ども食堂を必要とする地域社会」そのものに目を向けることも求められる。

「個」を通して「地域」を知り、「地域」を知ることで「個」を知る、そして、「個」の生活を支えるために「地域」を支え、「地域」を支えることで「個」の生活が支えられる。実習生には、このような「個」と「地域」の連動に着目した学びの視点が求められる。この学びの視点は、2か所それぞれでの実習においても、1か所目と2か所目での実習を結び付け、学びを深めるうえでも必要となる。

加えて、「ソーシャルワーク専門職である社会福祉士に求められる役割等について」では、地域全体での社会福祉士育成のための取り組みの推進にも言及している。現任の社会福祉士が、地域において、さまざまな人・組織と協働する働きかけを行うことで、地域でソーシャルワークの機能が発揮されるという取り組みである。

現任の社会福祉士が、地域実践のなかで専門職としての研鑽を積む機会となると同時に、実習のフィールドの場ともなり得る。たとえば、社会福祉法人による地域における公益的な取り組みと実習とを連動させるといった、実習施設が地域に果たす役割の理解を実践的に学ぶ実習プログラムも想定できるだろう。

個と地域の連動を意識した具体的な学習内容については、次節において取り上げることとする。

第2節 ソーシャルワーカーを目指すための実習

1 「講義」「演習」「実習」の相互関係

　「実践の学問」であるソーシャルワークの学びは、ソーシャルワークの実践および実践現場との関係を抜きにしては成り立たない。ソーシャルワークの方法や技術は、講義科目や演習科目だけで学べるものではなく、現任のソーシャルワーカーの動きから、また自らソーシャルワーク実践の現場に身を置くことで、経験を通して実践的に習得できるものである。実習は、ソーシャルワークの理論と実践を統合的に学ぶ場となる。本項では、実習教育の全体像を確認する。

　実習教育は、実践現場での実習が単体で成立しているものではなく、「講義」「演習」「実習」の各科目が相互に関係する総体である。実習に臨むにあたっては、講義科目や演習科目の内容を十分に理解し、活用できる知識・実践できる技術をもつ準備が求められる。そして実習では、講義科目や演習科目で得た知識や技術を、どのように実践に活かしていくのかを理解し、応用しながら実際にクライエントに向き合うという、ソーシャルワークを体現する重要な場となる。

　さらに、実習後には、実習での体験や学びを、再度、講義科目や演習科目の学びに活かしていくこととなる。実習中には十分に理解できなかったことや、疑問が生じたこと、倫理的

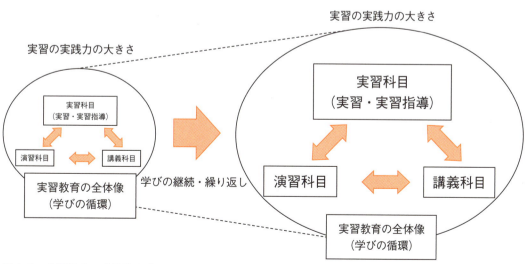

図1-1　実習教育の全体像と実践力の広がり

ジレンマに気づくこともあるだろう。それらを、講義科目や演習科目にもち帰り、あるいは過去の講義等と照らし合わせて振り返ることで、さらに知識や技術に磨きをかけ、実践力を高めていくことになる。つまり、「講義」「演習」「実習」の学びを循環させることで、実践力を高めていく一連の学習プロセスが実習教育である(図1-1)。

2　ソーシャルワーク実習で学ぶこと

　実習生として今、実習に向けた希望でいっぱいだろうか。それとも不安を感じているだろうか。また、実習についてどのようなイメージをもっているだろうか。クライエントと関わること、専門的な実務を体験することなど、人によってイメージはさまざまであろう。本項では、実習を通してどのようなことを学ぶのかについて概説する。

　実習は単にソーシャルワークの実践現場に身を置くのではなく、ソーシャルワーカーとしての実践力を醸成するための明確な目的がある。厚生労働省が定める「ソーシャルワーク実習」の教育内容は表1-1の通りである。

表1-1　社会福祉士養成科目「ソーシャルワーク実習」の教育内容

ねらい	教育に含むべき事項
① ソーシャルワークの実践に必要な各科目の知識と技術を統合し、社会福祉士としての価値と倫理に基づく支援を行うための実践能力を養う。 ② 支援を必要とする人や地域の状況を理解し、その生活上の課題(ニーズ)について把握する。 ③ 生活上の課題(ニーズ)に対応するため、支援を必要とする人の内的資源やフォーマル・インフォーマルな社会資源を活用した支援計画の作成、実施及びその評価を行う。 ④ 施設・機関等が地域社会の中で果たす役割を実践的に理解する。 ⑤ 総合的かつ包括的な支援における多職種・多機関、地域住民等との連携のあり方及びその具体的内容を実践的に理解する。	実習生は次に掲げる事項について実習指導者による指導を受けるものとする。 ① 利用者やその関係者(家族・親族、友人等)、施設・事業者・機関・団体、住民やボランティア等との基本的なコミュニケーションや円滑な人間関係の形成 ② 利用者やその関係者(家族・親族、友人等)との援助関係の形成 ③ 利用者や地域の状況を理解し、その生活上の課題(ニーズ)の把握、支援計画の作成と実施及び評価 ④ 利用者やその関係者(家族・親族、友人等)への権利擁護活動とその評価 ⑤ 多職種連携及びチームアプローチの実践的理解 ⑥ 当該実習先が地域社会の中で果たす役割の理解及び具体的な地域社会への働きかけ ⑦ 地域における分野横断的・業種横断的な関係形成と社会資源の活用・調整・開発に関する理解 ⑧ 施設・事業者・機関・団体等の経営やサービスの管理運営の実際(チームマネジメントや人材管理の理解を含む。) ⑨ 社会福祉士としての職業倫理と組織の一員としての役割と責任の理解 ⑩ ソーシャルワーク実践に求められる以下の技術の実践的理解 ・アウトリーチ ・ネットワーキング ・コーディネーション ・ネゴシエーション ・ファシリテーション ・プレゼンテーション ・ソーシャルアクション ソーシャルワーク実習指導担当教員は巡回指導等を通して実習生及び実習指導者との連絡調整を密に行い、実習生の実習状況についての把握とともに実習中の個別指導を十分に行うものとする。

1）教育内容の具体的な解説

ねらい①　ソーシャルワークの実践に必要な各科目の知識と技術を統合し、社会福祉士としての価値と倫理に基づく支援を行うための実践能力を養う

　実習に臨むために、実習前に必要となるさまざまな科目を履修しているだろう。実習では、これまで学んだ知識や技術を踏まえながら、たとえば、「教育に含むべき事項」の②利用者やその関係者との援助関係の形成、④権利擁護活動とその評価、⑦社会資源の活用・調整・開発など、多様な実践力を統合して学ぶこととなる。そして、それらが、社会福祉士としての職業倫理と組織の一員としての役割と責任の理解に基づいていることを理解する（「教育に含むべき事項」⑨）。また、実習では、教員による巡回指導が行われる。自身の実践について、実習指導者や教員からスーパービジョンを受けることで、実践能力が養われていく。

ねらい②　支援を必要とする人や地域の状況を理解し、その生活上の課題（ニーズ）について把握する

　クライエントの生活上の課題を把握するためには、クライエントはもちろん、その家族、友人といった関係者、利用する施設、多様な専門職、住民やボランティア等、本人を取り巻く環境の理解が必要となる。そのため、それらを適切にアセスメントできるようになることが重要である。アセスメントを行うためには、先の人々とコミュニケーションをとったり、人間関係を形成したりする力も求められる（「教育に含むべき事項」①）。このことは、対人関係における基本であり、対人援助専門職の実践力が問われる。

ねらい③　生活上の課題（ニーズ）に対応するため、支援を必要とする人の内的資源やフォーマル・インフォーマルな社会資源を活用した支援計画の作成、実施及びその評価を行う

　「教育に含むべき事項」③の通り、実習では、実習施設の様式に則り具体的な支援計画を作成する。これにより、クライエント等が抱える生活課題の解決に向けた目標設定を行う力や、計画に沿って実際に支援する力を身につけていくこととなる。生活上の課題に対応するためには、クライエントがもっている多様なストレングスを活かすことに加え、フォーマル、インフォーマルな社会資源の活用が求められる。このような視点を踏まえて、計画作成、支援の実施、支援内容のモニタリングと評価という、一連の流れを学んでいく。

ねらい④　施設・機関等が地域社会の中で果たす役割を実践的に理解する

　実習施設には、クライエント一人ひとりにとっても重要な役割があるが、地域社会のなかにおいても役割がある。実習では、実習施設の経営理念や、地域社会にどのような働きかけを行っているか、そしてどのような役割を果たしているのかを理解して、説明できる力を身につけていく（「教育に含むべき事項」⑥）。関連して、実習施設の法的根拠、財政、管理運営、規則等の経営面や、チームマネジメントや人材管理等の運営面についても理解を深めてい

く。さまざまな会議への同席や、施設・機関が地域の取り組みに参加する場面など、実習生自身が経験しながら理解を深めていくこととなる(「教育に含むべき事項」⑧)。

ねらい⑤　総合的かつ包括的な支援における多職種・多機関、地域住民等との連携のあり方及びその具体的内容を実践的に理解する

　ソーシャルワーク実践は、一人の専門職や1つの施設・機関が単独で行うものではなく、多様な人々や施設・機関と連携していく取り組みである。実習を通して、多様な職種、多様な機関、地域住民と、どのような方法で連携・協働しているかを理解する(「教育に含むべき事項」⑤)。また、アウトリーチやネットワーキングをはじめ、具体的な支援技術も実践を通して理解していくこととなる(「教育に含むべき事項」⑩)。実習生には、ソーシャルワーカーがどのような人々とどのように連携しているか、捉えていくことが求められる。

　以上、実習で学ぶ5つの「ねらい」と「教育に含むべき事項」について概説した。いずれも実践的な内容であり、重なる部分も多く、相互に関連し合っている。
　実習施設は、クライエントの生活に深く関わっている場であり、ソーシャルワークが実践されている場でもある。実習では、クライエントやその家族の生活や生活を送る地域の実態を知るなかで、ソーシャルワーカーとしての価値や倫理が、実践現場でどのように具現化され、行動化されているかを学ぶこととなる。

3　ソーシャルワーク実習指導で学ぶこと

　ソーシャルワーク実習指導とは、実習科目と同時に履修する科目である。学ぶ内容は、実習の意義、現場体験学習や巡回指導の目的や意義、実習する分野、施設のクライエント、施設や地域社会、スーパービジョン、実習先で関わる他の職種の専門性といった、実習に取り組むための準備にあたる学習内容から、実習中の学習、そして実習後に実習での学びを体系化する内容まで多岐にわたる。
　厚生労働省が定める「ソーシャルワーク実習指導」の教育内容は表1-2の通りである。

1)教育内容の具体的な解説

ねらい①　ソーシャルワーク実習の意義について理解する

　実習指導科目では、まず、ソーシャルワーク専門職の養成教育における「実習及び実習指導の意義」を理解する(「教育に含むべき事項」①)。実習の意義や目的、講義・演習・実習を通して学習する知識と技術の相互関連、スーパービジョンの意義と内容等について、説明できるようになることが求められる。

22　第1章　ソーシャルワーク実習とは

表1-2　社会福祉士養成科目「ソーシャルワーク実習指導」の教育内容

ねらい	教育に含むべき事項
① ソーシャルワーク実習の意義について理解する。 ② 社会福祉士として求められる役割を理解し、価値と倫理に基づく専門職としての姿勢を養う。 ③ ソーシャルワークに係る知識と技術について具体的かつ実践的に理解し、ソーシャルワーク機能を発揮するための基礎的な能力を習得する。 ④ 実習を振り返り、実習で得た具体的な体験や援助活動を、専門的援助技術として概念化し理論化し体系立てていくことができる総合的な能力を涵養する。	次に掲げる事項について個別指導及び集団指導を行うものとする。 ① 実習及び実習指導の意義(スーパービジョン含む。) ② 多様な施設や事業所における現場体験学習や見学実習 ③ 実際に実習を行う実習分野(利用者理解含む。)と施設・機関、地域社会等に関する基本的な理解 ④ 実習先で関わる他の職種の専門性や業務に関する基本的な理解 ⑤ 実習先で必要とされるソーシャルワークの価値規範と倫理・知識及び技術に関する理解 ⑥ 実習における個人のプライバシーの保護と守秘義務等の理解 ⑦ 実習記録への記録内容及び記録方法に関する理解 ⑧ 実習生、実習担当教員、実習先の実習指導者との三者協議を踏まえた実習計画の作成及び実習後の評価 ⑨ 巡回指導 ⑩ 実習体験や実習記録を踏まえた課題の整理と実習総括レポートの作成 ⑪ 実習の評価及び全体総括会

　実習に臨むにあたっては、実習前の学習が重要である。事前学習の1つである現場体験学習や見学実習では、クライエントや社会の問題、地域の社会資源、見学先施設のソーシャルワーク機能を把握していく(「教育に含むべき事項」②)。ほかにも、実習を行う分野、実習施設の法的根拠や種別、実習先が立地する地域社会、実習先で関わる他の職種の専門性や業務など、基本的な内容を理解しておく必要がある。

ねらい②　社会福祉士として求められる役割を理解し、価値と倫理に基づく専門職としての姿勢を養う

　社会福祉士に求められる役割は、何であろうか。この理解が不足していると、実習において学ぶべき視点が定まらず、学びを深めることができなくなってしまう。ソーシャルワーク専門職である社会福祉士の専門性について理解しておくことが大切である。

　「教育に含むべき事項」⑤には、「実習先で必要とされるソーシャルワークの価値規範と倫理・知識及び技術に関する理解」が挙げられている。ソーシャルワーク実践は、ソーシャルワーカーとしての価値と倫理に基づくものである。どんなに高度な知識や技術を身につけたとしても、土台となる価値や倫理がなければ、適切な実践にはつながらない。実習生は、ソーシャルワークのグローバル定義や、社会福祉士の倫理綱領・行動規範を理解し、価値と倫理を身につけ、それらに則った行動ができるように準備しておくことが重要となる。

　「教育に含むべき事項」⑥は、「実習における個人のプライバシーの保護と守秘義務等の理解」である。実習では、プライバシーの保護や守秘義務の重要性とそのための行動を事前に理解していなければ、クライエントに対して重大な権利侵害をしてしまう恐れがあるなど、価値と倫理が問われる場面は多々ある。実習生による重大な事故や権利侵害などが発生しないよう、十分に学びを深めておくことが求められる。

ねらい③　ソーシャルワークに係る知識と技術について具体的かつ実践的に理解し、ソーシャルワーク機能を発揮するための基礎的な能力を習得する

　ソーシャルワークの知識や技術は、初学として実習の場で学ぶものではない。本節第1項に示したように、実習教育は「講義」「演習」「実習」の学びを循環させる総体であり、実習には、実習前の学習として基礎的な知識や技術を身につけて臨むことが求められる。実習前の学習を通して身につけた知識や技術を、実践の場において、実践的に理解を深め磨くのが実習である。

　たとえば、実習では毎日、「実習記録」を書くことが求められる。記録はソーシャルワーカーの重要な技術の1つであり、実習記録の書き方はあらかじめ学んでおき、実習中にその技術を磨くこととなる（「教育に含むべき事項」⑦）。同様に、実習生、教員、実習指導者の三者協議を踏まえて、実習生が取り組む実習計画を作成し、実施し、評価する（「教育に含むべき事項」⑧）。計画の作成やそれに基づく実践と評価を行うことも、ソーシャルワーカーの技術の1つである。

ねらい④　実習を振り返り、実習で得た具体的な体験や援助活動を、専門的援助技術として概念化し理論化し体系立てていくことができる総合的な能力を涵養する

　この内容は、実習を終えた後に行われる学びである。実習での体験や学びは、記録や語りを通して他者に伝えていくこととなる。そして、実習の成果や課題の整理と実習総括レポートの作成、実習の評価、全体総括会の実施を通して（「教育に含むべき事項」⑩⑪）、実習での学びを単なる経験にとどめず、得られた価値・知識・技術を総括し、理論化していくことで、ソーシャルワークの実践力を理解し、定着させる。

　ねらいの①から③までは、主に実習前に取り組む内容として説明したが、これらの内容も実習を終えてから振り返って学び直すことで、理解が定着する。実習指導科目の内容は、繰り返し学ぶことが大切となる。

第3節 ソーシャルワーク実習の目標と動機づけ

1 ソーシャルワーク実習の目標

1)実習の目標設定の意義

　実習は、実践的な経験を通じて専門的な価値・知識・技術を身につけ、実践と理論の結び付きを深める貴重な機会である。実習では、これまでの講義や演習で学んだことを踏まえて実習施設で実際の業務を体験し、ソーシャルワーク専門職である社会福祉士の役割や価値等の理解を深めていく。実習施設の分野および運営主体、機能は多様で、どの実習施設に配属されても、実習への取り組み方が重要な鍵を握る。実習施設で指導されたことは素直に実践しているが、疑問に感じたことやわからないことをそのままにしてしまう「受動的な姿勢」で取り組むのと、指導を受けたことはもちろん、クライエントや職員と積極的にコミュニケーションを図る「能動的な姿勢」で取り組むのとでは、得られる成果も異なるであろう。有意義で充実した実習とするには、目的意識を明確にし、主体的に取り組むことが不可欠である。

　そこで、実習における達成目標や行動目標を言語化するのが「実習計画書」である（第2章第4節）。実習計画書は、実習施設や実習指導者、教員に、自身の問題意識や実習で明らかにしたいことについて、どのようなプロセスを経て、何を実習で得たいのかを具体的に明示する。

　では、どのように目標を設定したらよいのだろうか。社会福祉士は社会福祉に関連する多種多様な場で活躍している。福祉に関する相談全般を担う役割であることは、社会福祉士及び介護福祉士法第2条第1項で次のように定義されている。

　社会福祉士の名称を用いて、専門的知識及び技術をもって、身体上若しくは精神上の障害があること又は環境上の理由により日常生活を営むのに支障がある者の福祉に関する相談に応じ、助言、指導、福祉サービスを提供する者又は医師その他の保健医療サービスを提供する者その他の関係者との連絡及び調整その他の援助を行うことを業とする者

　「日常生活を営むのに支障がある者」とは、高齢者、障害者、児童など対象者を特定しないということ、「福祉に関する相談に応じる」とは、言い換えれば現代社会の多様な課題に総合的かつ包括的に対応するジェネラリスト・ソーシャルワークを担うということであり、これ

こそが社会福祉士の役割といえる。

　2018(平成30)年3月、社会保障審議会福祉部会福祉人材確保専門委員会は「ソーシャルワーク専門職である社会福祉士に求められる役割等について」を取りまとめ、これからの社会福祉士には、地域共生社会の実現に向けて、複合化・複雑化した課題に対応するために多機関の協働による包括的な相談支援体制と、地域住民の主体的な課題解決体制の構築を推進することが期待されている。また、個人や世帯全体の生活課題の把握、多分野・多職種の連携による取り組みが必要となるなかで、地域住民の活動支援や関係者との連絡調整など、コーディネーターとしての役割を果たすことが求められており、地域共生社会の構築において社会福祉士の果たす役割が注目されている。

　また、ソーシャルワーク専門職としてのコンピテンシーを獲得することも重要とされている。コンピテンシーとは、ある特定の職業や分野で必要な能力やスキル、知識、態度のことを指す。ソーシャルワークのコンピテンシーの要素は、アメリカのソーシャルワーク教育評

表1-3　9つのコンピテンシーの要素と行動

コンピテンシーの要素と行動
①　倫理的かつ専門職としての行動がとれる 倫理綱領や関係法令に基づいて専門職として倫理的な意思決定をする。また、専門的な判断・行動となるよう、スーパービジョンやコンサルテーションを活用する。
②　実践において多様性と相違に対応する クライエントとの関わりのなかで自己覚知や自己規制を行い、クライエントや関係者と協力して、それぞれの経験や視点を尊重し合いながら、支援方法や解決策を見つける。
③　人権と社会的・経済的・環境的な正義を推進する すべての人が基本的人権をもち、社会的地位に関係なく自由や安全、プライバシーなどを享受することを理解し、安心して暮らせるようさまざまなサポートを行う。
④　「実践に基づく調査」と「調査に基づく実践」に取り組む 実践から得られた知見を研究や実証に反映する。また、実践や政策、サービス提供について情報提供したり、改善したりするために、科学的根拠をもとにしたアプローチを行う。
⑤　政策実現に関与する 社会福祉政策を理解して分析し、それを改善もしくは実施するために必要なスキルをもつ。また、クリティカル・シンキングを用いて政策の問題点を特定、改善策を提案する。
⑥　個人、家族、グループ、組織、コミュニティと関わる クライエントとのコミュニケーションや問題解決のためのネットワーク構築、合意形成のプロセスを大切にし、支援を必要とする人々や関係者と信頼関係を構築する。
⑦　個人、家族、グループ、組織、コミュニティのアセスメントを行う 多様な人やグループとの関わりのなかでの継続的なアセスメントの重要性を理解し、クライエントやコミュニティのニーズを評価して、適切な支援を行うための計画を立てる。
⑧　個人、家族、グループ、組織、コミュニティに介入する 専門職間のチームワークやコミュニケーションの重要性を認識し、個人やグループの目標を達成するための根拠に基づいた介入を行う。
⑨　個人、家族、グループ、組織、コミュニティへの実践を評価する 実践や政策、サービス提供の質の向上を図るために、実践の効果を評価し、その結果をもとにして、介入方法や支援プログラムを継続的に改善する。

議会が2015年に示した教育方針と認定基準(Council on Social Work Education)に、9つのコンピテンシーが定義されている(表1-3)。

このコンピテンシーを言い換えると、ソーシャルワークの「4＋1の力」で説明できる。多様な専門性や経験をもつソーシャルワーカーがクライエントとコミュニケーションをとりながら信頼関係を構築していく「伝える力」、クライエントの立場に立ち、クライエントの視点や思考を理解して、本人の思いに寄り添いともに歩むための「共感する力」、クライエントや社会の現状を踏まえ、ソーシャルワーカーとしてなすべきことを理解する「見据える力」、修得した知識やスキル、体験を活かして具体的に行動するための「関わる力」の4つの力に加え、地域共生社会の実現を見据えた地域社会をつくるためのプラス1「地域社会に貢献する力」である。これらは序章第3節「ソーシャルワーク実習で身につける『4＋1の力』」に詳しく述べられているが、大切なのは、実習を通してソーシャルワークを「知っている」から「実践できる」レベルまで引き上げなければならないということである。

2)具体的な実習目標の設定

実際に実習計画書を作成する際には、抽象的ではなく、具体的な目標設定が必要となる。ここでは厚生労働省が定める「ソーシャルワーク実習」の「ねらい」(表1-1)に沿って例を示すこととする。

ねらい①　ソーシャルワークの実践に必要な各科目の知識と技術を統合し、社会福祉士としての価値と倫理に基づく支援を行うための実践能力を養う

たとえば、障害者の就労支援の現場で、クライエントと施設外作業に参加し、障害者への理解を促進する取り組みについて学ぶ、特別養護老人ホームで入居者の尊厳を守ることが施設生活のなかでどのように行われているのかを理解するなど、社会福祉士の倫理綱領や行動規範等の具現化の実際を学ぶことなどが想定される。

ねらい②　支援を必要とする人や地域の状況を理解し、その生活上の課題(ニーズ)について把握する

福祉事務所で自宅訪問に同行し、現業員の実践から相手に合わせた関わり方やニーズを把握するアセスメントの留意点を学ぶ、生活介護事業所でクライエントの生活を理解するために、施設内での様子や交友関係等を職員から聞き取る、児童養護施設で対象者のニーズを把握するため、遊びや宿題など日常生活のなかにおけるクライエントとの関わりの実践から学ぶことなどが考えられる。

ねらい③　生活上の課題（ニーズ）に対応するため、支援を必要とする人の内的資源やフォーマル・インフォーマルな社会資源を活用した支援計画の作成、実施及びその評価を行う

　医療機関でのクライエントとの面接場面からクライエントが抱える課題を把握し、退院支援計画書を作成する、生活介護事業所で利用者とアセスメント面接を行い、アセスメント結果から利用者のニーズとストレングスを考えて個別支援計画を作成することから学ぶことなどが想定される。

ねらい④　施設・機関等が地域社会の中で果たす役割を実践的に理解する

　地域包括支援センターで法人内外の会議の議事録や組織図を閲覧し、会議同士のつながりとソーシャルワーカーの役割を職員から説明を受けて学ぶ、特別養護老人ホームで行われる公益的取り組みである子ども食堂やマルシェに参加し、参加者から困りごとや生活上のニーズを聞き取る、社会福祉協議会で地域アセスメントを行い、地域の課題解決における社会福祉協議会の役割を理解することなどが想定される。

ねらい⑤　総合的かつ包括的な支援における多職種・多機関、地域住民等との連携のあり方及びその具体的内容を実践的に理解する

　社会福祉協議会で地域住民等との連携を理解するために、住民座談会等に参加して得られた情報からニーズを把握し、地域の強みを活かした支援プログラムを検討する、障害者生活支援センターで事例検討会やカンファレンスに参加し、多職種・多機関がどのような目的で話し合いを行うのか、会議の進行も含めて社会福祉士の役割を学ぶことなどが想定される。

　実習の目標が設定できたら、具体的で明確な実習目標となっているか、学習計画における目標設定のチェック項目である「RUMBA（ルンバ）」を用いて確認することができる（表1-4）。限られた実習期間のなかで実現可能かつ自身の学びたいことが明確になっているか等を確認し、目標達成までの道のりを「見える化」しておくことが大切である。

　実習施設の種別は多様であるが、配属先がどこであろうとも、クライエントを理解しようとする姿勢が不可欠であることは言うまでもない。そして、目の前のクライエントの姿だけでなく、クライエントを過去・現在・未来の時間軸で捉えて理解しようとする、クライエントそれぞれを取り巻く環境を理解しようとする姿勢を忘れてはならない。

表1-4　目標設定のチェック項目「RUMBA（ルンバ）」

☐ Real	現実的
☐ Understandable	理解可能
☐ Mesurable	測定可能
☐ Behavioral	行動的表現
☐ Achievable	到達可能

2　実習の動機づけ

　実習の動機を整理することは、自己理解を深め、目標達成に向けて行動するための重要な第一歩であり、実習で自分が何を達成したいのか、なぜそれが重要なのかを明確にするために必要なステップである。

　ソーシャルワーカーになりたいと思うようになった「きっかけ」を尋ねられたら、他の人に伝わるように答えられるだろうか。「自分が入院したときに担当してくれたソーシャルワーカーさんが親身になって話を聞いてくれたから」と自分自身の経験を答えるかもしれない。また、「新聞や授業で児童虐待のことを知ってスクールソーシャルワーカーになりたいと思うようになった」など、他者の経験を通して知ったと答えるかもしれない。「きっかけ」は人それぞれであろうとも、実習生がソーシャルワーカーを目指すことになった出発点であることには違いない。ソーシャルワークに関心をもった「きっかけ」から、実習生自身の問題意識の原点を振り返り、これから始まる実習における学びの視点や問題意識を整理することが重要である。

1）ソーシャルワークに関心をもった「きっかけ」から 問題意識の原点を整理する

　ソーシャルワークに関心をもったきっかけと問題意識の関係は、個々の経験や背景によって異なる。たとえば、自らが経験した困難や苦境、または他者が経験する困難に関心をもっていることがある。家族内暴力、貧困、身体的・精神的な健康問題、人権侵害など、さまざまな問題がその背景にあるかもしれない。また、新聞やニュースで貧困問題などの社会的な課題に関心をもち、社会変革を促すソーシャルアクションにソーシャルワークの価値を見出していることも考えられる。そして、学校や地域でのボランティア活動を通して、他者を支援した経験から誰かの役に立ちたいと考えていることもあるだろう。問題意識の原点からソーシャルワーカーを目指す動機を整理することで、具体的な行動や目標を設定することができる。

　動機づけには、内発的動機づけと外発的動機づけの2つの主要な形態がある。内発的動機づけ（Intrinsic Motivation）とは、自発的に行動を起こす動機づけであり、外部からの報酬や圧力に依存せず、内部からの興味・関心や意欲に基づくとされる。一方、外発的動機づけ（Extrinsic Motivation）とは、外部からの報酬や圧力によって行動が促される動機づけであり、義務や強制、懲罰といった外的な要因に依存してもたらされる。

　社会心理学者のデシとライアン（Deci & Ryan）によって提唱された自己決定理論（Self-Determination Theory, SDT）では、内発的動機づけが個人の行動やパフォーマンスにポジティブな影響を与えるとされている。

ソーシャルワーカーを目指す「動機」を整理することで、目標とするソーシャルワーカー像を明確にし、実習の目標設定を行う土台を構築してほしい。

2)問題意識の原点から実習の動機を整理する

　ソーシャルワークに関心をもったきっかけと実習の動機づけは密接に関連している。まず、ソーシャルワークに関心をもったきっかけは、先に述べた通り、個人のバックグラウンドや経験によって異なる。

　一方、専門職であるソーシャルワーカーになるためには、専門的な知識やスキルを身につける実習経験を積む必要がある。実習では、実習プログラムを通して、これまでに習得した理論や技術を実践からも学ぶことで、専門職として成長していく。そのため、自己成長や専門的なスキルの習得、将来のキャリアに向けた準備として、実習の動機づけを整理することが必要である。

　ソーシャルワークに関心をもったきっかけから、ソーシャルワーカーを目指す動機を整理することは、実習の動機づけを明確にし、実習への意欲を高めることにつながる。また実習の動機は、講義や演習を学んでいくなかで深めていくものでもある。そして実習での実践を通して自身の強みや弱み、興味や価値観を把握し、自己理解を深めていく。実習では、社会に求められる社会福祉士としての実践力を身につけることが重要であり、これまでの学習を踏まえてどのような実践力を身につける必要があるのかを自身の言葉で説明できなければならない。したがって、実習の動機づけは実習生が目標に向かって取り組み、自らの学びに責任をもち、ソーシャルワーカーとしての自己認識や専門性を高めていくために必要不可欠であるといえるだろう。

参考文献・資料

○公益社団法人日本社会福祉士会「ソーシャルワーク専門職のグローバル定義の日本における展開」2017年
（https://www.jacsw.or.jp/citizens/kokusai/IFSW/documents/tenkai_01.pdf）2017年

○一般社団法人日本ソーシャルワーク教育学校連盟「ソーシャルワーク演習のための教育ガイドライン（2022年2月改訂版）」2022年
（http://jaswe.jp/doc/20220228_enshu_guideline.pdf）

○一般社団法人日本ソーシャルワーク教育学校連盟「ソーシャルワーク実習指導・実習のための教育ガイドライン（2021年8月改訂版）」2021年
（http://jaswe.jp/doc/202108_jisshu_guideline.pdf）

○社会保障審議会福祉部会福祉人材確保専門委員会「ソーシャルワーク専門職である社会福祉士に求められる役割等について」2018年
（https://www.mhlw.go.jp/file/05-Shingikai-12601000-Seisakutoukatsukan-Sanjikanshitsu_Shakaihoshoutantou/0000199560.pdf）

○「大学等において開講する社会福祉に関する科目の確認に係る指針について」（平成20年3月28日19文科高第917号・社援発第0328003号文部科学省高等教育局長、厚生労働省社会・援護局長通知）

○浅原千里・江原隆宣・小松尾京子・杉本浩章・高梨未紀・明星智美編『ソーシャルワークを学ぶ人のための相談援助実習』中央法規出版、2015年

○中井俊樹『看護現場で使える教育学の理論と技法——個別指導や参加型研修に役立つ120のキーワード　第2版』メディカ出版、2023年

第**2**章

実習前の学習

第**1**節	実習前の学習の目的と学び方
第**2**節	実習施設の理解
第**3**節	実習施設が所在する地域の理解
第**4**節	実習計画の作成と実習記録の書き方

第1節

実習前の学習の目的と学び方

1 実習前の学習の目的

1)「わかる」から「できる」段階へ到達するために

　ソーシャルワークの価値・知識・技術について、これまでの講義や演習を通して「わかる」ことができたであろう。実習では、この「わかる」の段階から「できる」という段階に進み、到達する必要がある。それは、ソーシャルワークが実践性の高い領域であり、机上の学習のみでは個別性の高いクライエントの生活実態やニーズを十分に理解し、社会の変化に対応できる実践能力を習得することが困難なためである。それでは、実習において「できる」という段階に到達するためには、何が必要だろうか。その鍵を握るのが「実習前の学習」である。実習に備えた学習をしておくことで、実践の場で起こっていることと、学んできた知識をつなげることができる。ただ「体験」をするだけではなく、「気づき」や「学び」に変えることで、「できる」という段階へ進むことができるだろう。

　実習前の学習の全体像は、一般社団法人日本ソーシャルワーク教育学校連盟が表にしてまとめた「ソーシャルワーク実習指導・実習のための教育ガイドライン」(以下、総称して「実習教育ガイドライン」、実習指導科目は「実習指導ガイドライン」、実習科目は「実習ガイドライン」とする)で確認ができる。厚生労働省の示す「ソーシャルワーク実習指導」の教育内容(第1章第2節)に対応して、達成目標、行動目標と実習前に行うべき指導内容(実習生にとっては実習前の学習の内容)が示されている。ここで、実習前の学習にはどのような知識が必要になるのか、キーワードなどを確認しておくとよい。

2)実習生におけるリスクマネジメントのために

　実習指導ガイドラインの教育目標の1つに、「実習におけるリスクマネジメントを理解し、実践することができる」という達成目標がある。さらにそのなかには、①実習生の権利と義務を説明することができる、②個人情報保護とプライバシーの権利、守秘義務について説明することができる、③健康管理、感染症予防対策の必要性と方法を説明することができる、という3つの行動目標が示されている。以下、3つの行動目標に沿ってその内容を概説する。

①実習生の権利と義務を説明することができる

　実習生は一定期間、実習施設に通うことになるが、当然、実習施設の職員という立場ではない。一方で、個人情報の保護に関する法律(個人情報保護法)第24条(従業者の監督)においては、実習生も従業員と同じ立場にあると解釈される。実習生は、実習施設のクライエントや関係者と深く関わり、実習施設の設備を利用しながらも、職員ではなく養成校の学生という特殊な立場にある。そのため、実習中に発生するリスクにどのように対応するのか、実習前の学習において確認しておく必要がある。表2-1は、実習教育ガイドラインに記載されている実習生の権利・義務である。

表2-1　実習生の権利・義務

ア)実習中に発生する対人・対物の損害に関する対応 　実習中に発生する対人・対物の損害に関する対応に対しては、実習生が加入している保険の適用の可否を確認し、実習指導担当教員が実習指導者と確認して手続きを進める必要がある。基本的に、実習という教育活動中に実習生が被った災害については「学生教育研究災害傷害保険(学研災)」で対応が可能で、利用者等の相手側に誤って傷害を負わせてしまった、または器物を損壊した時には「学研付帯賠償責任保険(学研賠)」で対応することが出来る。
イ)実習生の心身のトラブルへの対応 　実習中に発生した実習生の心身のトラブルについては、実習指導担当教員が実習指導者と相談の上で、実習を継続させるか否かの判断を行うことになる。例え実習生が継続を希望したとしても、それができる状況にないと判断した場合には、実習生にその理由を丁寧に説明し合意を得て、代替の実習先施設・機関を選定するか、中止するかの判断を行う。
ウ)実習生の人間関係トラブルへの対応 　実習生の人間関係トラブルについては、実習指導担当教員及び実習指導者が連携して状況確認を行い、実習生とトラブルが起こった相手との間に入って仲介する必要がある。

資料：一般社団法人日本ソーシャルワーク教育学校連盟「ソーシャルワーク実習指導・実習のための教育ガイドライン(2021年8月改訂版)」より抜粋

②個人情報保護とプライバシーの権利、守秘義務について説明することができる

　これまで、講義や演習において倫理綱領を学んできたことだろう。倫理綱領のなかでも、Ⅰ-8(プライバシーの尊重と秘密の保持)は、特に実習において徹底して遵守すべき項目である。実習では、ソーシャルワークの性質上、クライエントの個人情報やプライバシーに触れる機会が多くある。ここでは、想定されるトラブル(表2-2)を確認することで、意識の向上と防止策の考案へとつなげてもらいたい。

表2-2　「プライバシーの尊重と秘密の保持」について想定されるトラブル

・実習中のメモを紛失してしまう。 ・クライエントに見える場所でケース記録やカルテを閲覧してしまう。 ・閲覧したケース記録やカルテをその場に放置してしまう。 ・ケース記録やカルテの一部を誤って持ち帰ってしまう。 ・クライエントに関する情報を他のクライエントに話してしまう。 ・実習に関する内容をSNSに書き込んでしまう。 ・実習の様子を無断で写真に撮ってしまう。

第1節　実習前の学習の目的と学び方　　**35**

③健康管理、感染症予防対策の必要性と方法を説明することができる

　2020(令和2)年1月頃から世界的に流行した新型コロナウイルス感染症(COVID-19)の影響により、実習施設ではそれまでにも増して、感染症対策に尽力している。実習施設のクライエントは、幼児や高齢者、何らかの疾患や障害がある人など、感染リスクが高い状況にあることが多い。新型コロナウイルス感染症のほか、インフルエンザ、はしか、ノロウイルス感染症、疥癬、皮膚疾患など、想定しなければならない感染症は多くあり、実習生自身が、病原をもち込まない、もち出さない、広げないという意識をもっておく必要がある。

　実習前の学習では、厚生労働省や各自治体、団体が示している感染症対策のガイドラインを確認するとともに、検温の必要性などを実習施設に事前に確認しておくとよい。実習中においては、予防に努めるとともに、少しでも体調に変調があった場合には、実習指導者と教員への速やかな報告を徹底しなければならない。

3) 2か所の実習を一体的な学びとするために

　実習は、「機能の異なる2か所以上の実習施設等で実施すること」が要件の1つになっている。実習をより有意義なものとするために実習前の学習が重要であることはこれまで述べてきた通りだが、2か所の実習は別々のものではなく、連続した一体的なものであることを認識しておく必要がある。1か所目の実習で不足していたこと、経験できなかったこと、または、うまくいったこと、さらに伸ばしていきたいことなどを踏まえて2か所目の実習に向けた実習前の学習を行い、実習計画を立てる必要がある。

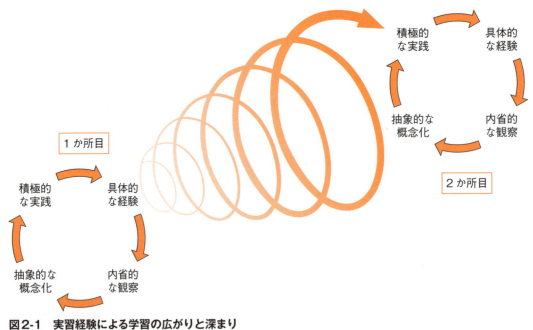

図2-1　実習経験による学習の広がりと深まり
資料：Kolb, D.(1984)をもとに作成

経験をもとにした学習のプロセスあるいはスタイルとして、コルブ(Kolb, D.)の経験学習サイクルがある。これを実習に当てはめれば、毎日の実習で経験学習サイクルを回しながら、さらに1か所目から2か所目の実習へと同じサイクルを継続しながら、スムーズに移行できると理想的である。サイクルの輪が徐々に大きく、そして上昇していくスパイラルアップのイメージをもつとよい(図2-1)。なお、コルブの経験学習サイクルについては、第4章第1節で詳述する。

2 ▶ 現場体験学習の意義と実習に向けた学習

1)現場体験学習の意義

実習前の学習の1つとして、現場体験学習がある。現場体験学習とは、実際に施設のプログラムに参加して体験する学習方法である。現場体験学習の意義としては、まず実践の現場をイメージできるということであろう。福祉の現場と関わりが少ない実習生にとっては、いきなり実習に行くことで、イメージとの乖離から戸惑いやモチベーションの低下につながる場合がある。また、実習では、机上では学ぶことができない現場の空気感や臨場感を感じることができるという利点がある一方で、その空気感、臨場感に飲み込まれてしまう場合もある。現場体験学習を通して実習のイメージができることで、これらの状況を防ぐことができる。

表2-3　現場体験学習や見学実習の達成目標・行動目標

達成目標	行動目標
現場体験や見学実習を通じてクライエントや社会の問題を把握することができる	①見学先施設のクライエントや職員等に自分から働きかけ、関係を形成する ②地域の様々な分野や領域での現場体験や見学実習を実施し、視野を広げることができる ③地域の様々な分野や領域での現場体験や見学実習を実施し、生活問題や社会問題の実情を把握することができる
地域の社会資源の種類や機能について把握することができる	①地域の社会資源の種類や役割等を把握し、特徴を説明することができる ②実習施設と関係している社会資源の種類や役割を調査し、特徴を説明することができる ③体験または見学先施設が対象としている人や地域の問題等の状況を調査し、記録にまとめることができる
見学先施設等のソーシャルワーク機能を発見することができる	体験または見学先の施設におけるソーシャルワークの実践を観察し、記録にまとめることができる
自己の体験と考察を言語化することができる	①体験や見学で感じたことや考えたことを言語化し、同級生や教員とディスカッションができる ②自己の言動を記録することができる

資料：一般社団法人日本ソーシャルワーク教育学校連盟「ソーシャルワーク実習指導・実習のための教育ガイドライン(2021年8月改訂版)」より抜粋

また、現場体験学習においてクライエントと関わることができれば、さらに有意義である。クライエントとの関わりでは、基本的なコミュニケーション能力や、援助関係の形成に向けた自身の課題を確認することができる。このような自己覚知をしておくことで、スムーズに実習のスタートを切ることができる。

　実習指導ガイドラインでは、現場体験学習や見学実習の達成目標・行動目標を表2-3のようにまとめており、これらをもとに現場体験学習に臨む必要がある。

2）実習に向けた学習

　現場体験学習や見学実習の後は、そこで得た学びをどのように実習に活かすのかが問われる。たとえば、現場体験学習や見学実習で知ったクライエント像と、その施設の法的根拠に基づくクライエント像を結び付けることや、見聞きしたさまざまな職種についてより学習を深めること、さらに、施設・機関と地域社会が関わる取り組みと政策的な動きを関連づけて理解することなど、工夫できるポイントはいくつかある。

　そして、実習施設が決定した後は、その実習施設に関する情報収集を始めとした、実習前のより具体的な学習になっていく。第1章第2節に示した、「ソーシャルワーク実習指導」の教育内容では、③〜⑪にあたる。まずは、「③実際に実習を行う実習分野（利用者理解含む。）と施設・機関、地域社会等に関する基本的な理解」にあるように、実習施設の理解や、実習施設が所在する地域を理解することで、そこで働く職員や利用するクライエントがどのような人々なのか、また、実習施設と地域との関係性や、地域における実習施設の役割などを説明できるようにしておく。さらに、「④実習先で関わる他の職種の専門性や業務に関する基本的な理解」にあるように、実習施設に関わる各職種の専門性について理解することで、チーム内でのソーシャルワーカーの役割を説明できるようにしておくとよい。

　このように、実習前の学習を段階的・体系的に進め、実習に臨む準備を整えていくことになる。実習前の学習の具体的な内容については、次節から詳述する。

第2節

実習施設の理解

1 実習施設の法的根拠と目的

1）社会福祉の施設・機関の成り立ち

　実習施設の法的根拠と目的を学ぶ前に、ここでは、法の変遷をもとに、今日に至る社会福祉の施設・機関の成り立ちについて確認する。

　現代における社会福祉制度や事業は、かつて「感化救済事業」「社会事業」等と呼ばれていた。また、太平洋戦争中は、社会事業の理念や目標を転換して「厚生事業」「戦時厚生事業」と称されていた。戦後、日本国憲法第25条第2項で「社会福祉」という言葉が用いられたことによって社会福祉が広く知られるようになったとされる。

　憲法第25条第1項では、国民が誰でも、人間的な生活を送ることができることを権利として宣言した生存権の保障を示している。これを実現するために同条第2項において国に生存権の具現化について努力義務を課している。それを受けて、児童福祉法（1947（昭和22）年制定）、身体障害者福祉法（1949（昭和24）年制定）、生活保護法（1950（昭和25）年制定）などの各種福祉法が成立した。それぞれの法律には、法の理念や目的、用語の定義などと併せて施設・機関の目的や対象も明記されており、その存在根拠となっている。

　また、社会福祉の施設・機関を規定する法律として社会福祉法がある。社会福祉法の前身である社会福祉事業法（1951（昭和26）年制定）は社会事業法（1938（昭和13）年制定）を前提として制定されたが、内容は大きく異なっていた。2000（平成12）年、社会福祉事業法は社会福祉法に改正・改称された。社会福祉法は「社会福祉事業」の範囲を定め、各種の福祉法を根拠とする社会福祉の施設・機関について共通的基本事項を示している。たとえば、実習施設を運営する社会福祉法人の経営組織については、理事会、評議員会、理事の職務執行の監査を行う監事などが規定されている。

2）実習施設の法的根拠と目的について学ぶ意義

①実習施設の理解

　実習施設の法的根拠と目的について学ぶ意義の1つ目は、実習施設が行う社会福祉事業の

理解につながる、ということである。

　実習に臨むために、実習施設の法的根拠と目的について学び、実習施設がどのような人を対象として、どのような目的をもって、何を行っているのか、また、法的に何を根拠として存在しているか、つまり、実習施設が「誰のために何をしているところなのか」を理解しなければならない。

　実習施設の法的根拠と目的を学び理解することは、ソーシャルワーク専門職として実践するために不可欠な知識を養う。一方で、単に実習施設の法的根拠と目的を知っていればよいというものではなく、それらを学んだうえで、なぜそのようになっているのかという点に目を向けて考えを巡らし、調べることが肝要である。このプロセスを経ることが実習施設の存在意義を理解することにつながる。以下に具体的な考え方の視点を示す。

・実習施設の種別はいつ法律に規定されたのか。なぜその時期に規定されたのか。
・実習施設の種別に名称の変更等はあったか。また、それはなぜそのような経緯があったのか。
・実習施設の種別における対象や目的はどのように変わってきたか。また、それはなぜそのような経緯があったのか。

　たとえば、児童養護施設については、児童福祉法第41条にその対象と目的が明記されている（表2-4）。制定時と現行の条文を比較すると、児童養護施設の対象や目的が変わってきたことが見てとれる。児童福祉法制定時、現在の児童養護施設は、養護施設という名称であった。1997（平成9）年の法改正により、児童の自立を支援することが明確化され、同時に、その名称を児童養護施設に改称することとされた。また、2004（平成16）年の法改正により児童養護施設に乳児を入所させることができるとされた。

表2-4　児童福祉法第41条の条文比較

現行　第41条	1947（昭和22）年制定時　第41条
児童養護施設は、保護者のない児童（乳児を除く。ただし、安定した生活環境の確保その他の理由により特に必要のある場合には、乳児を含む。以下この条において同じ。）、虐待されている児童その他環境上養護を要する児童を入所させて、これを養護し、あわせて退所した者に対する相談その他の自立のための援助を行うことを目的とする施設とする。	養護施設は、乳児を除いて、保護者のない児童、虐待されている児童その他環境上養護を要する児童を入所させて、これを養護することを目的とする施設とする。

　このように、児童養護施設の法的根拠を調べることで、児童養護施設が何を対象とし、何を目的に存在しているのかを知ることができる。また、法の制定過程や変遷をたどり、実習施設について歴史的に学ぶことによって、社会的役割や対象の変化に触れることができ、今日における児童養護施設の理解が深まる。

②クライエントの理解

　実習施設の法的根拠と目的について学ぶ意義の2つ目は、実習施設が対象とするクライエントの理解につながる、ということである。

　今、ソーシャルワークが対象としている領域は、貧困、保健・医療、障害のある人、子ども、高齢者、地域、ひとり親、司法など、実に幅広い。歴史的に見れば、人々の暮らしを支えるための施設・機関の種別は増え、運営母体や担い手も多様になっている。そして、制度的に「措置から契約へ」という大きな転換点があったとはいえ、一部において措置制度による利用は現在も続いている。このように、ひとくちに「社会福祉施設」といっても、その対象や目的は異なっている。さらに実際的にいえば、利用方法、申し込み窓口、利用のためにかかる料金の有無、その負担割合や料金の徴収方法等、その仕組みにも違いがある。また、それは法律のレベルで異なっていることもあれば、自治体の条例のレベルで異なっていることもある。

　多様な「社会福祉施設」であるが、それぞれの法的根拠には、誰を対象に実践を行うか、ということが示されている。表2-4の現行の条文を見ると、児童養護施設が以下の者を対象としていることがわかる。

・保護者のない児童(乳児を除く。ただし、安定した生活環境の確保その他の理由により特に必要のある場合には、乳児を含む。)
・虐待されている児童
・その他環境上養護を要する児童
・退所した者

　「保護者のない児童」とは法的にどのような者を指すのだろうか。児童福祉法第4条において、「児童」は「満18歳に満たない者」とされている。また、同法第6条において「保護者」とは「親権を行う者、未成年後見人その他の者で、児童を現に監護する者」となっている。「児童虐待」は、児童虐待の防止等に関する法律(児童虐待防止法)第2条に定義されている。

　さらに、児童養護施設は現に入所している子どもだけではなく、「退所した者」も対象としていることがわかる。

　このように、学習を進めることで法律の条文からクライエント像をイメージすることができるようになる。クライエント像をイメージすることができると、クライエントに対するコミュニケーションのとり方等を学ぶことができる。そうすることで、実習においてクライエントと向き合ったときに、実習前に培ったクライエント像に対する知識や技術を活用することが可能となる。しかし、それは一方で、一般化されたクライエント像にとどまらざるを得ない。法的にクライエントを理解したうえで、実習では、現実を生きる一人の人としての理解を深めていく。

第2章 実習前の学習

第2節 実習施設の理解 **41**

2 実習施設が関わる他の職種や機関の理解

1）実習施設が関わる他の職種や機関について学ぶ意義

　ソーシャルワークが対象とする「人」は社会的生物である。どのような暮らしぶりをしている人であっても生活者であり、社会と分離して生活してはいない。自分の暮らしを振り返ってみても、さまざまな制度や社会資源と関わりをもって生きていることがわかるだろう。一方で、ソーシャルワーカーもまた人であり、一人のソーシャルワーカーにできることやソーシャルワーカーが所属する組織にできることには限界がある。これらのことから、人々のウェルビーイングを高めることを目的としているソーシャルワーク実践において、他の専門職種や他施設・他機関との連携は欠かすことができない。

　たとえば、「アルコール依存症の母親による、8歳、4歳児へのネグレクト事例」では、子どもを取り巻く施設・機関として、小学校、教育委員会、保育所、児童相談所、福祉事務所、こども家庭センター、保健センター、病院、児童委員、民間支援機関、などが考えられる。このように、クライエントの現実から出発し、クライエントの暮らしに登場する（あるいは登場すべき）施設・機関、専門職を理解することによって、はじめて支援の方法（いつ、誰が、何を、どこで、どのように）を具体的かつ明確にしていくことができる。

2）実習施設が関わる他の職種や機関

①実習施設内の他職種

　社会福祉士からみた「他の職種」には、実習施設内の他職種と実習施設外の他職種がある。はじめに、実習施設内の職種について述べる。

　どの施設においても、法律で定められた基準に基づいて複数の職種が配置されている。職員一人ひとりが自身の職種の役割を担い、また、補い合い、連携・協働してクライエントを支援し、施設を運営している。職員体制を見れば、クライエントの日々の生活に直接的に関わる職種から、相談援助を主に担う職種、また、実習施設の運営管理を役割とする職種等がある。

　たとえば、児童養護施設は、省令「児童福祉施設の設備及び運営に関する基準」第7章において、児童福祉法に明記されている児童養護施設の目的に対して、どのような職員が配置され、どのような取り組みが行われているのかが示されている。

　児童養護施設の職員として、児童指導員、嘱託医、保育士、個別対応職員、家庭支援専門相談員、栄養士および調理員、看護師等が規定され、なかには社会福祉士資格が要件の1つとなっている職種もある（第42条）。また、職員配置基準も歴史的に変遷している。たとえば、

「第42条の2」や「第45条の2」は新設された条項であって、かつては規定がなかった。なお、職種によっては、その役割について省令ではなく、通知を確認することも必要になる。

児童福祉施設の設備及び運営に関する基準　第7章　児童養護施設

第41条	設備の基準
第42条	職員
第42条の2	児童養護施設の長の資格等
第43条	児童指導員の資格
第44条	養護
第45条	生活指導、学習指導、職業指導及び家庭環境の調整
第45条の2	自立支援計画の策定
第45条の3	業務の質の評価等
第46条	児童と起居を共にする職員
第47条	関係機関との連携

---

②実習施設外の他職種・他機関

　上記第47条には児童養護施設が関わる他の機関として、学校、児童相談所、児童家庭支援センター、児童委員、公共職業安定所が登場する。一方で、現実に児童養護施設が連携をとっている施設・機関は、乳児院、警察、病院、福祉事務所、要保護児童対策地域協議会など条文以上に多数ある。

　児童養護施設が関わるそれぞれの機関について「誰のために何をしているところなのか」ということを学ぶとともに、それぞれの機関に配置されている職種や、その職種が担っている役割についても学ぶことが求められる。

3)実習施設が関わる他の職種や機関から実習施設を理解する

　法的に配置されている他の職種や機関について学び、さらに、実習生として配属される個別特定の実習施設について、その理念や実際に配置されている職種、実習施設が取り組んでいる活動や事業を調べる。このように調べていくと、「法や省令に示されている施設の目的や取り組みは、施設理念等とどのように関連しているのか」「省令で定められている職種のほかに配置されている職種はあるのか」等、新たな疑問が湧いてくる。

　実習前に実習施設に関してできるだけ多くのことを調べ、整理することで、実習中に学びたいことが焦点化される。また、配属される実習施設種別に限らず、他の施設種別についても調べ、比較することでより学びが深まる。

　今回は児童養護施設を例に挙げた。これまで述べたように、社会福祉が対象とする領域は広く、また、実習施設も多様にある。実習施設によっては、法的根拠や配置職種について規定している法令にたどり着くことに時間を要する場合も少なくない。それでも、実習生として努力を惜しまず調べ上げてほしい。実習施設は何を根拠に存在しているのかを学ぶことを通して実習施設の社会的立ち位置をつかみ、実習施設の理解、そしてクライエントの理解につながることになる。

第2節　実習施設の理解

第3節 実習施設が所在する地域の理解

1 実習前に行う地域アセスメントの意義

1）実習における地域アセスメント

　社会福祉士に求められている役割に「地域共生社会の実現」がある。社会福祉士の目指す社会は「ソーシャルワーク専門職のグローバル定義」や「倫理綱領」に示されている通りである。ソーシャルワーカーとしての役割を果たすとき、これらと「地域共生社会」に矛盾があってはならない。

　地域社会においては、日本社会全体の人口の減少や生産年齢人口の減少、出生数の減少、単身世帯の増加、外国人住民の増加、過疎化・都市化、地域間格差といった人口や世帯の変化がある。また、児童・高齢者・障害者虐待、ひきこもり、8050問題、介護離職、いじめ、ヤングケアラー、セルフネグレクトなど、技術の進歩や労働環境の変化に伴って、地域で起きている生活課題は複雑化している。社会が多様化し、課題が複雑化するなかで、「地域共生社会の実現」に向けて、ソーシャルワーカーには、「支援が必要な個人や家族の発見」あるいは「地域全体の課題の発見」といった役割が求められている。

　このような背景から、地域アセスメントが重要視されている。たとえば、厚生労働省通知では、「ソーシャルワーク演習（専門）」の「ねらい」の1つに「④地域の特性や課題を把握し解決するための、地域アセスメントや評価等の仕組みを実践的に理解する」ことが挙げられている。ソーシャルワーク実習においても、地域社会の理解のために地域アセスメントを活用する。具体的には、地域情報を収集して分析し、地域の現状と課題、ニーズ、強みをつかむことである。

2）地域アセスメントの意義

①強みと課題の発見

　実習前の学習に、実習施設が所在する地域について学ぶ機会がある。それは「地域アセスメント」として位置づけられる。実習生が実習前に地域アセスメントを行うのはなぜだろうか。1つは、地域における強みや課題の発見が挙げられる。地域アセスメントによって地域

の情報を得て分析し、地域の課題を発見することは、実習施設が地域に果たしている役割を理解することや実習施設がこれから取り組むべき課題を見出すことに役立つ。

②最善の支援

　地域アセスメントは、人々を取り巻く環境の理解(情報の収集)や、人々が抱えている問題の構造の理解(収集した情報の分析と見立て)を含む。よって、課題解決に最善の方法を見つけ出すためにも、地域アセスメントは欠かせない。

　情報の収集は、地域に存在する施設・機関、事業、諸活動などの社会資源を把握するためであり、支援に活用できる強みの発見につながる。また、課題の構造を理解することで、はじめてどこに問題が起きているのか(不調和が生じているのか)を発見することができる。

　地域アセスメントを行うことによって得られる社会資源の把握と、問題の構造の理解を結び付けることによって、最善の支援のために、いつ、誰が、何を、どこで、どのようにすればよいかがわかるようになる。実習前に地域アセスメントを行うことは、実習において課題に対する支援策を考える際の手助けになる。

③クライエントの理解

　地域アセスメントはクライエントの理解にもつながる。地域アセスメントを行うことによって地域を理解することができる。それはつまり、クライエントが住んでいる地域を理解することである。クライエントが生きている(生活している)地域を理解することは、クライエントを理解することの一環にほかならない。実習前にさまざまな角度からクライエントの理解を試みることで実習のイメージを具体化することができる。

3)実習前の学習における地域アセスメントの活用

　人と環境の相互作用に働きかけるソーシャルワークにおいて、クライエントを取り巻く地域社会の理解は欠かせない。地域社会に対する基本的な理解は、地域アセスメントを行うことによって得られる。地域アセスメントでは情報を収集し、分析を行う。たとえば、SWOT分析を用いて、地域特性や地域の強み、地域の潜在的な課題を整理することができる。そのうえで、地域における課題やニーズの生じた原因、あるいは課題やニーズが保留となっている原因、課題やニーズに影響をもたらしている原因について検討することも可能になる。そして、地域住民の生活の状況と地域や地域を取り巻く環境の関係を考慮して、ニーズの充足や課題解決に最善の方法をプランニングすることにつながる。いずれの段階においても、収集した地域の情報が重要になる。

　このように、地域特性等の理解にとどまらず、課題の発見や支援の方策の発見、クライエントの理解につながる地域アセスメントは、実習をイメージして作成する実習計画の作成に有用である。

第3節　実習施設が所在する地域の理解　**45**

2 ▶ 行政計画を踏まえた地域の理解

1)社会福祉領域における行政計画

社会福祉領域における行政計画には主に次のようなものがある。

> ・地域福祉計画　　　　　・障害福祉計画
> ・老人福祉計画　　　　　・次世代育成支援行動計画
> ・介護保険事業計画　　　・子ども・子育て支援事業計画
> ・障害者計画　　　　　　・社会的養育推進計画

　行政計画は法律に基づいて、市区町村をはじめ、広域連合、都道府県、国などが策定している。計画に盛り込むべき事項については通知を含めた法令によって定められている。

　たとえば、社会福祉法に規定されている「市町村地域福祉計画」では、市町村に策定の努力義務があり、計画に含むべき事項が示されている。

> **社会福祉法　第107条　（市町村地域福祉計画）**
> 　市町村は、地域福祉の推進に関する事項として次に掲げる事項を一体的に定める計画(以下「市町村地域福祉計画」という。)を策定するよう努めるものとする。
> 一　地域における高齢者の福祉、障害者の福祉、児童の福祉その他の福祉に関し、共通して取り組むべき事項
> 二　地域における福祉サービスの適切な利用の推進に関する事項
> 三　地域における社会福祉を目的とする事業の健全な発達に関する事項
> 四　地域福祉に関する活動への住民の参加の促進に関する事項
> 五　地域生活課題の解決に資する支援が包括的に提供される体制の整備に関する事項

　また、行政計画は法律で示されている名称と同じ名称で策定されているとは限らない。たとえば、市町村老人福祉計画は、老人福祉法及び介護保険法において、市町村介護保険事業計画と一体のものとして作成されなければならない、とされる。そのため、「老人福祉計画」を「高齢者保健福祉計画」などと称して策定している自治体もある。小規模の自治体であれば、法の定めによらず、複数の計画を一体的に策定していることも少なくない。

　ここで示した計画はほんの一部にすぎず、また、社会福祉領域以外にも、さまざまな行政計画が策定されている。それらの計画はすべて人々の暮らしに関連している。

2)行政計画について理解する意義

①地域の現状や課題の理解

　実習生は、実習施設の所在する地域において何が課題とされているのか、地域の課題解決のためにはどのような策があるのか、また、実習施設が果たす役割は何か、あるいは、実習施設を利用するクライエントはどのような地域に住んでいるのか、といったことに関心を向

けることが必要だろう。それらを考えるヒントとなるのが各種の行政計画である。

　行政計画には、地域を理解するために必要な基礎情報をはじめ、その計画が対象としている事項について、関連した数値などが詳細に挙げられており、各種データから地域を理解することができる。たとえば、＜子ども数は減少している一方で保育所利用者数が増加している＞＜日本社会全体において生産年齢人口は減少傾向にあるが、当該自治体の生産年齢人口は微増している＞といった地域の現状がわかる。さらなる情報の収集によって、これらの現状がどのように人々や地域と結び付いているのか、また、強みや課題となっているのかということを推測することができる。

　このように、それぞれの行政計画について、何を対象に何を目的として策定されているかを踏まえて丁寧に読み込むことで、人々や地域の現状と課題を把握することにつながる。

②地域の課題に対する介入方法の発見

　行政計画の策定プロセスにおいて、当事者はどの程度計画策定に関与しているか、地域住民の意見は反映されたか、課題把握はどのようになされたかなどに目を向けることもおもしろい。策定プロセスをたどると、計画策定主体がどの程度力を注いでいるかということが見えてくる。また、情報公開の範囲を知ることもできる。

　これらの計画は人々や地域の個別の課題を行政としてどのように認識しているかということを示すものとなっている。実習前にこれらの計画を理解したうえで実習に臨み、実習中に出会う人々や地域の現実に照らし合わせ、再度、計画を批判的に読み込んでみるとよい。そうすることによって、メゾ・マクロの視点からの介入方法が見えてくる。

③実習前の学習における行政計画の活用

　行政計画は地域アセスメントを行う際の重要な情報源である。行政計画について学ぶことによって、地域や人々そして行政への関心や理解が深まる。また、課題の発見や地域や行政への働きかけの道筋を見当づけることにつながる。それらは、「ソーシャルワーク実習」の教育に含むべき事項「⑥当該実習先が地域社会の中で果たす役割の理解及び具体的な地域社会への働きかけ」(p.20表1-1)を達成することにつながる。

第4節

実習計画の作成と実習記録の書き方

1　事前打ち合わせと実習計画の作成

1）事前打ち合わせ（事前訪問）

　事前打ち合わせは、おおよそ実習開始の1～2か月前頃までに実施されることが多い。実施方法としては、「事前打ち合わせ会」や「事前説明会」などの名称で、実習指導者が養成校に出向いて実習生・教員・実習指導者の三者で情報共有や必要事項の確認などを行う場合がある。また、「事前打ち合わせ」や「事前訪問」と表現され、実習生が実習施設を訪問し、実習指導者と情報交換等を行う場合もある。

①事前打ち合わせ（事前訪問）の目的

　第1章第2節で示したように、実習は、講義や演習を通して学んだソーシャルワークの価値・知識・技術をもとにして、ソーシャルワークの実践力を習得することを目的とする。実習の教育目標を理解したうえで、実習生と実習指導者が直接顔を合わせ、実習内容を確認・合意するとともに、実習スーパービジョン関係を結ぶことが目的となる。
　実習指導ガイドライン（巻末資料）に示された行動目標に当てはめれば、①および④から⑥の取り組みが該当する。

表2-5　事前打ち合わせ（事前訪問）時の行動目標

教育に含むべき事項	教育目標	
	達成目標	行動目標
⑧　実習生、実習担当教員、実習先の実習指導者との三者協議を踏まえた実習計画の作成及び実習後の評価	実習計画の意義と作成方法を理解し、作成することができる	①　「ソーシャルワーク実習」の教育のねらいと含むべき事項を確認し、計画立案の前提となる教育目標について説明することができる。 ②　実習予定の施設・機関の事前学習を踏まえ、実習の達成目標と行動目標に即した実習計画を立案することができる。 ③　立案した実習計画書を担当教員に説明し、スーパービジョンを踏まえて修正することができる。 ④　立案した実習計画書を実習指導者に説明することができる。 ⑤　実習指導者が立案した実習プログラムとすり合わせの作業を行い、実習施設・機関の実態を踏まえた内容に修正することができる。 ⑥　三者協議において実習計画書を説明し、修正方法も含めて合意形成を図ることができる。

資料：一般社団法人日本ソーシャルワーク教育学校連盟「ソーシャルワーク実習指導ガイドライン（2021年8月改訂版）」より抜粋

②事前打ち合わせ（事前訪問）の意義

　事前打ち合わせ（事前訪問）を行う意義は、実習プログラムに沿って、実習生と実習指導者が「ねらい通りに実習を実施できるように準備をすること」にある。そのため、事前打ち合わせ（事前訪問）では主に次のことに取り組む。

❶実習施設のイメージをもてるようにし、実習生・実習指導者相互のギャップを埋める
　実習生のイメージする実習施設と、実際との間にギャップがある場合もある。実習生によっては、イメージすらもてない場合もあるだろう。事前打ち合わせにより、実習生が実習施設の具体的なイメージをもてる機会が得られる。
　また、次の❷と❸の実施を合わせ、実習生・実習指導者相互のギャップを埋めることができる。これは、実習生・教員・実習指導者の三者の連携や実習生と実習スーパーバイザー（実習指導者および教員）とのスーパービジョン関係の構築においても重要である。
　この取り組みの前提として、実習生には、行動目標①「『ソーシャルワーク実習』の教育のねらいと含むべき事項を確認し、計画立案の前提となる教育目標について説明することができる」ことが求められる。

❷「基本実習プログラム」の説明を受ける
　実習生は、実習指導者が作成する基本実習プログラムについての説明を受けることで、実習の内容を確認し、実習前の学習に対する助言・指導を受けることもあるだろう。
　このためには、実習前の学習をもとにした実習計画書の作成（行動目標④「立案した実習計画書を実習指導者に説明することができる」）が必要であり、行動目標⑤「実習指導者が立案した実習プログラムとすり合わせの作業を行い、実習施設・機関の実態を踏まえた内容に修正することができる」につなげることができる。

❸実習生が立案した「実習計画書」を実習指導者に説明する
　実習生自身が立てた計画を実習指導者に説明することで、実習生としての説明責任を果たす。また、目標等の実現可能性や不確かな計画の修正などが検討できる。
　これは、行動目標④「立案した実習計画書を実習指導者に説明することができる」および行動目標⑥「三者協議において実習計画書を説明し、修正方法も含めて合意形成を図ることができる」につながる取り組みである。

③事前打ち合わせ（事前訪問）の内容

　事前打ち合わせの内容は、表2-6に例示した事項を実施する。特に、「⑥実習計画書の検討」は重要である。実習生が実習指導者に対して、立案した実習計画書を説明することは、実習生としての説明責任を果たすことである。そのうえで、実現可能な目標や取り組みを検討し、実習計画を見直すことが重要である。

第4節　実習計画の作成と実習記録の書き方　　**49**

表2-6　事前打ち合わせ（事前訪問）の内容（例）

① 実習指導者と実習生の顔合わせ（実習スーパービジョンの合意・契約）
② 実習日程の確認（開始日と終了日、休日や祝日の扱い、1日の実習時間など）
③ 実習施設の説明（施設の理念や利用者特性の説明、種別や職種の再確認など）
④ 施設内のルールと実習生のマナーの確認（求められる価値規範と倫理の確認）
⑤ 実習前の学習の提案（施設によっては、特定分野の事前学習を指示する場合もある）
⑥ 実習計画書の検討

　事前打ち合わせ後には、打ち合わせした内容や確認した事項などを記録に残す。このことは、実習生、実習教員、実習指導者の三者間での情報共有においても、重要である。

2）実習計画書の作成

①実習計画書作成の目的・意義

　第1章第3節「ソーシャルワーク実習の目標と動機づけ」で述べているように、実習では9つのコンピテンシーの獲得を志向し、ソーシャルワークにおける「4＋1の力」を身につけ、実践できるソーシャルワークを目指す。

　その目標を達成するために作成するのが実習計画書であり、実習生が自らの実習の方向性を示す目的をもつ。また、実習を自らプランニングする能力を養い、実習に対して主体的・能動的に取り組むことが、実習計画書作成の意義である。

　実習計画書の作成に取り組む前には、あらためて、第1章第3節「ソーシャルワーク実習の目標と動機づけ」を確認しておこう。

②実習計画書の内容

　実習生が立案した計画であれば何でもできるのが実習ではない。実習指導ガイドラインの行動目標（表2-5）に示されているように、実習計画は、実習施設についての実習前の学習を踏まえ、実習の達成目標と行動目標に即したものでなければならない。実習生には、第1章「ソーシャルワーク実習とは」の内容を理解し、第2章で学んできた「実習前の学習」の内容を踏まえて、実習計画を立案することが求められている。

❶実習のテーマ

　実習のテーマは、実習生として特に何を大切にしたいのかを表現する。次に説明する「達成目標」や「行動目標」をもとに、目指すソーシャルワーカー像を描き、そのソーシャルワーカーとなるために実習テーマとして掲げるべきものは何かを考え、表現することで、現実的で実現可能なテーマになる。

❷達成目標

　達成目標は、実習で「ソーシャルワーク実践の何ができるようになるのか」という結果を示すものであり、その状態を目標として表している。具体的には、実習ガイドラインにお

50　第2章　実習前の学習

表2-7　実習における19の達成目標

教育に含むべき事項	達成目標
① 利用者やその関係者（家族・親族、友人等）、施設・事業者・機関・団体、住民やボランティア等との基本的なコミュニケーションや円滑な人間関係の形成	(1) クライエント等と人間関係を形成するための基本的なコミュニケーションをとることができる
② 利用者やその関係者（家族・親族、友人等）との援助関係の形成	(2) クライエント等との援助関係を形成することができる
③ 利用者や地域の状況を理解し、その生活上の課題（ニーズ）の把握、支援計画の作成と実施及び評価	(3) クライエント、グループ、地域住民等のアセスメントを実施し、ニーズを明確にすることができる
	(4) 地域アセスメントを実施し、地域の課題や問題解決に向けた目標を設定することができる
	(5) 各種計画の様式を使用して計画を作成・策定及び実施することができる
	(6) 各種計画の実施をモニタリングおよび評価することができる
④ 利用者やその関係者（家族・親族、友人等）への権利擁護活動とその評価	(7) クライエントおよび多様な人々の権利擁護ならびにエンパワメントを含む実践を行い、評価することができる
⑤ 多職種連携及びチームアプローチの実践的理解	(8) 実習施設・機関等の各職種の機能と役割を説明することができる
	(9) 実習施設・機関等と関係する社会資源の機能と役割を説明することができる
	(10) 地域住民、関係者、関係機関等と連携・協働することができる
	(11) 各種会議を企画・運営することができる
⑥ 当該実習先が地域社会の中で果たす役割の理解及び具体的な地域社会への働きかけ	(12) 地域社会における実習施設・機関等の役割を説明することができる
	(13) 地域住民や団体、施設、機関等に働きかける
⑦ 地域における分野横断的・業種横断的な関係形成と社会資源の活用・調整・開発に関する理解	(14) 地域における分野横断的・業種横断的な社会資源について説明し、問題解決への活用や新たな開発を検討することができる
⑧ 施設・事業者・機関・団体等の経営やサービスの管理運営の実際（チームマネジメントや人材管理の理解を含む。）	(15) 実習施設・機関等の経営理念や戦略を分析に基づいて説明することができる
	(16) 実習施設・機関等の法的根拠、財政、運営方法等を説明することができる
⑨ 社会福祉士としての職業倫理と組織の一員としての役割と責任の理解	(17) 実習施設・機関等における社会福祉士の倫理に基づいた実践及びジレンマの解決を適切に行うことができる
	(18) 実習施設・機関等の規則等について説明することができる
⑩ ソーシャルワーク実践に求められる以下の技術の実践的理解 ・アウトリーチ ・ネットワーキング ・コーディネーション ・ネゴシエーション ・ファシリテーション ・プレゼンテーション ・ソーシャルアクション	(19) 以下の技術について目的、方法、留意点について説明することができる ・アウトリーチ ・ネットワーキング ・コーディネーション ・ネゴシエーション ・ファシリテーション ・プレゼンテーション ・ソーシャルアクション

資料：一般社団法人日本ソーシャルワーク教育学校連盟「ソーシャルワーク実習教育内容・実習評価ガイドライン（2021年8月改訂版）」より抜粋

いて、19の達成目標が示されている（表2-7）。

　240時間以上の2か所にわたる実習において、これらの達成目標に取り組むことになるが、どの項目を1か所目（2か所目）の実習における達成目標とするのか、あるいは強調するのかは、各養成校の実習カリキュラムにより異なる。しかし、たとえば、達成目標（1）「クライエント等と人間関係を形成するための基本的なコミュニケーションをとることができる」については、2か所の実習において、ともに共通する達成課題となるだろう。

❸行動目標

　行動目標は、達成目標をより具体化したものである。そのため、「説明できる、図示できる、実施できる、作成できる」など、より具体的で観察可能な行動を示している。つまり、達成目標を実現するため、「意味や内容がわかる」レベルではなく「実際にできる」レベルを目指して、行動レベルでの目標を示すべきである。

　たとえば、実習ガイドライン（巻末資料）では、達成目標（1）「クライエント等と人間関係を形成するための基本的なコミュニケーションをとることができる」に対して、行動目標①は「クライエント、クライエントの家族、グループ、地域住民、職員等、様々な人たちとのあらゆる出会いの場面において、その人や状況に合わせて挨拶や自己紹介、声掛けを行うことができる」となっている（表2-8）。それを「クライエントやその状況に合わせて、挨拶や声掛けを行うことができる」と、クライエントとの関係性に焦点を当てて「実際にできる」レベルで、行動目標にすることも可能である。

　その際、実習一般の行動目標にとどめることなく、実習前の学習や事前打ち合わせ（事前訪問）で知った、実習施設のクライエント像等を踏まえて説明できることが求められる。

❹行動目標を達成するための取り組み

　行動目標を達成するための取り組みは、行動目標よりもさらに具体的な行動を示すものである。つまり「〜をする」という表現で表されるものである。ここで大切なのは、5W1Hを意識して取り組みを考えることである。「When（いつ）」「Where（どこで）」「Who（誰

表2-8　達成目標と行動目標の例

達成目標	行動目標
(1)クライエント等と人間関係を形成するための基本的なコミュニケーションをとることができる	①　クライエント、クライエントの家族、グループ、地域住民、職員等、様々な人たちとのあらゆる出会いの場面において、その人や状況に合わせて挨拶や自己紹介、声掛けを行うことができる。 ②　クライエント、クライエントの家族、グループ、地域住民、職員等と関わる場面において、その人や状況に合わせて言語コミュニケーションと非言語コミュニケーションを使い分けることができる。 ③　ミーティングや会議等において発言を求められた際に具体的に説明することができる。 ④　カンファレンスで利用者の状況を具体的に説明することができる。 ⑤　地域住民をはじめ、広い範囲に発信するための広報やウェブサイトの原稿を作成することができる。

資料：一般社団法人日本ソーシャルワーク教育学校連盟「ソーシャルワーク実習教育内容・実習評価ガイドライン（2021年8月改訂版）」より抜粋

が）」「What（何を）」「Why（なぜ）」「How（どのように）」を明確に書くことで具体性がより高まることになる。そこに「Whom（誰に）」「How Much（どれくらいの量を）」「How Long（どれくらいの期間）」など必要に応じて追加することで、取り組みがより具体的になるであろう。

たとえば、行動目標「クライエントやその状況に合わせて、挨拶や声掛けを行うことができる」に対して、取り組みは「毎朝（When, How Much）玄関口（Where）で、実習生（Who）からクライエント（Whom）へはっきりと聞こえるよう（How）に挨拶（What）をする」などと表現することができるだろう。この例文では、「Why（なぜ）」が抜けているが、「行動目標を達成するため」という隠れた理由「Why（なぜ）」があることに気づくだろう。5W1Hを意識することは大切であるが、それをすべて満たすことが目的ではなく、わかりやすく表現することを心がけるとよい。

この説明においても、実習施設のクライエントに対する支援プログラム等をもとに、あるいは例示することで、より具体的な説明とすることができる。

③目標を作成する際の留意点

達成目標、行動目標、行動目標を達成するための取り組みでは、ミクロ・メゾ・マクロというレベルに応じた目標を設定する場合もある。実際に実習現場では、施設種別を問わず、ミクロ・メゾ・マクロの各レベルにおいて支援や介入の対象が存在している。そのため、実習計画書を作成する段階では、各レベルで想定される対象を念頭に置いた行動目標を考える必要がある。

実習教育ガイドラインにおいては、3つのレベルを表2-9のように定義している。

表2-9　実習教育ガイドラインにおける3つのレベル

ミクロレベル	直接援助の対象である個人と家族への介入。
メゾレベル	家族ほど親密ではないが、グループや学校・職場、近隣など有意義な対人関係があるレベルで、クライエントに直接、影響するシステムの変容を目指す介入。
マクロレベル	対面での直接サービス提供ではなく、社会問題に対応するための社会計画や地域組織化。

資料：一般社団法人日本ソーシャルワーク教育学校連盟「ソーシャルワーク実習指導・実習のための教育ガイドライン（2021年8月改訂版）」より抜粋

2 ソーシャルワーク記録の歴史と実習記録

ソーシャルワーカーによる記録は、ソーシャルワーク実践に不可欠なものである。ソーシャルワーク専門職の歴史の初期においても、記録は大切なものであった。「ケースワークの母」とも呼ばれ、ソーシャルワークを体系立てたリッチモンド（Richmond, M.）は、ケース記録に基づいて『Social Diagnosis（社会診断）』を著した。また、ハミルトン（Hamilton, G.）

第4節　実習計画の作成と実習記録の書き方　　**53**

は、記録がソーシャルワーカーの実践知を発展させるだけでなく、クライエントへのサービスを向上させるうえでも有用であることを示している。

ソーシャルワーク実践において記録が重要であるように、実習生にとっても実習での活動を記録する行為は専門技術に位置づく重要なものである。

1）実習における記録

①記録の意義と目的

ケーグル（Kagle, J.）らによれば、ソーシャルワーク実践における記録の内容や構成は時代とともに変化してきたが、記録を残す根拠は変わっていないという。ソーシャルワーカーが、ソーシャルワーク実践を記録に残す目的は、「専門職としての説明責任を果たすため」である。説明責任を果たす対象は、クライエント、所属組織、連携先などの関連機関、地域社会、そして専門職である。その内容は、日常的に自ら行うソーシャルワーク実践である。言い換えれば、具体的な支援を中心に記録することは、「説明責任を果たすための根拠」となる。それが記録の意義でもある。

②記録としての実習日誌

実習生が実習における活動内容を記録するのが、実習記録である。実習記録は、実習生としての活動の説明責任を果たすためにあり、その説明対象は、実習スーパーバイザーである実習指導者と教員のほか、時にはクライエントや地域も対象となる。実習生の活動を記録に残す実習記録は、実習生の説明責任を果たす根拠となる。それが実習記録の意義でもある。

2）実習記録の書き方

実習記録は、「実習計画書」「実習プログラム」などとの関連を確認し、PDCA サイクルを意識しながら、日々の活動や振り返りを記録していくことに意味がある。実習記録の様式は養成校によりさまざまであるが、ここでは一例として挙げる 6 つの項目それぞれについて実習記録の書き方を確認していく。

①本日の目標

実習日ごとの目標は、当日の実習プログラム内容を参照し、その日に行う活動のなかで「達成すべきこと」を中心に目標を立てることが大切である。実習計画書に記入した「実習のテーマ」や「達成目標」「行動目標」を意識した目標の立て方が必要となる。

実習記録を PDCA サイクルに当てはめれば、①「本日の目標」は Plan（計画）の部分であり、その計画をもとに実習に取り組み（Do：実行）、1 日の出来事を振り返ること（Check：評価）になる。一連の過程を意識した目標を立てることが重要である。

②実習日課と時間

　実習プログラムには、その日に実習生が何をするのかが記載されている。②「実習日課」も同様に、実習生である自分自身が何をしたのか、その活動の事実を記入することが求められる。ただし、長々と説明的に書く必要はなく、たとえば、施設職員とともに朝礼に参加したことやケース会議に参加したことが日課であり、「朝礼に参加」や「ケース会議に参加」のように簡略化して短く記入する。

　また、240時間以上を要する実習時間数を満たしていることが説明できるよう、実習の「開始時間」と「終了時間」、昼食などの休憩時間や教員による巡回指導の時間なども記入することが重要となる。

③実習内容

　③「実習内容」は②「実習日課」に対応するように、横に並べて記入すると読みやすい。実習内容には、実習生の活動の事実のみを記入する。事実には、実習生が観察したことも入るが、実習生の感想や判断、意見や考えたことなどは含まれない。その実習日課のなかで、実習生である自分が行った活動や支援内容という事実を簡略化あるいは要約して記入する。たとえば、ケース会議に出席したのであれば、他の出席者はどの職種であったか、等を記録しておくと実習後の学習に活かすこともできる。

　巡回指導日の実習内容には、教員や実習指導者からの助言や指導内容の要点を簡潔に記入することも必要である。実習生、教員、実習指導者が記録内容を読んだときに、実習内容の概況がわかるように記入する。

④本日の目標の達成度

　①「本日の目標」をどの程度達成できたのか、自己評価をする項目である。単に「できた」「できない」だけではなく、「どの程度達成できた」のか「残された課題は何か」なども記述する。「できたからよい」、「できなかったから悪い」という善し悪しの評価ではないことも留意すべきである。「できた」のであればそこに至った促進要因を探り、「できなかった」のであればその阻害要因を分析し、理由を文章化することで、次にどう改善（Action）していくのか、という視点がもてるようになるだろう。

⑤考察

　考察は、簡単にいえば、考えて書くことである。実習を振り返り、特に気になる出来事や学ぶ機会を得たと感じている事柄について情報を整理し、講義・演習での学習をもとに考えを巡らせ、何らかの結論を導き出すプロセスである。その出来事は①「本日の目標」とした内容に触れるものかもしれないし、実習指導者や巡回指導時の助言・指導のなかで得たものかもしれない。

　考察では、客観的事実と主観的な意見などを区別し、整理して記述することが必要である。実習記録のなかでは、唯一、主観的な意見や考えを書ける箇所になるが、抽象的な表現にならないよう気をつけながら書き、スーパーバイザーである読み手が理解しやすい表現で

第4節　実習計画の作成と実習記録の書き方　　**55**

記述することに留意する。

　たとえば、1つの書き方として、次のようなものもあるだろう。まずは、実習中に経験した出来事を事実や観察に基づいて客観的に記述し、その後に実習生である自分が感じたことや自分の意見を書く。そして、その出来事を倫理綱領に照らし合わせ、あるいは一般的な考えや自分の考えとの違いについて出た結論を記述する。時には、結論が出ず、疑問で終わることもあるだろう。それらの思考の過程を整理して記述することが考察である。

　実習生としては考察が書けないと悩むこともあるだろうが、うまく書けなくても試行錯誤し、また指導を受けながら書いていくことで上達するものである。

⑥次の実習日の目標

　①「本日の目標」、④「本日の目標の達成度」、⑤「考察」を踏まえ、達成できなかった残課題を意識した目標を考える。PDCAサイクルの「Action（改善）」を含む、目標設定をしたい。

　基本的には、「次の実習日の目標」に書いたものが翌日の「本日の目標」になる。しかし、「実習プログラム」によっては、当日の実習内容と翌日の実習内容が連続しないこともある。その場合、「次の実習日の目標」は、翌日の「実習プログラム」の実習内容に引き寄せて考える必要がある。そのようになった場合、PDCAサイクルが途切れたように見えることもあるだろう。しかし、実習は連続した取り組みである。もし、その日の「Action（改善）」が翌日に直結しなくても、実習日程全体のなかで取り組むことができればよいので、とらわれる必要はない。

3)実習記録を書くための留意点

　ここでは、ケーグルらが示した「すぐれた記録を記すための15の原則」（表2-9）を参考にする。この15の原則をもとに、実習生の実習記録に当てはめて考えると、それが実習記録を書くための留意点になるだろう。

表2-9　すぐれた記録を記すための15の原則

❶目標間のバランスをとる	❷ミッションに焦点を当てる	❸リスク管理する
❹説明責任	❺省略	❻客観性
❼クライエントの関与	❽情報源	❾文化的背景
❿アクセス	⓫ユーザビリティ	⓬通用性
⓭合理性	⓮緊急事態	⓯除外

❷「ミッションに焦点を当てる」

　実習生が記録する内容は、「ソーシャルワーク実習」がミッションであるため、その目標等に関連する内容に焦点を当てて記録すべきである。

❺「省略」と⓯「除外」

　記録には、実習における目的、目標、成果に関連すること以外の情報を文章化しないよう意識すべきである。また、根拠のない意見・推測などは記述すべきではない。ただし、

実習生の立場では、十分に根拠を説明しきれないこともあるだろう。その場合には、そのことを含めて記述すればよい。また、倫理綱領に反するような情報、たとえば、クライエントの特定につながる個人情報などは実習記録に記述すべきではない。

❿「アクセス」と⓫「ユーザビリティ」

　誰が読んでも内容が理解でき、なおかつ読みやすい文章で実習記録を書くことが求められる。特に読み手(スーパーバイザー)がいることを意識して、読む人がわかりやすく読みやすい記録をする。

❻「客観性」

　倫理綱領や実習プログラム、実習教育ガイドラインに基づき、観察、情報源、判断基準、評価といった客観性のある公正・公平な記録が求められる。

❹「説明責任」

　実習で自分が何をしたのかに焦点を当て、行動の目的・目標、実習生としての活動やその成果を言語化し、文書化することが求められる。

　以上、主な項目から実習記録を書くための留意点を説明したが、自分の実習内容の「説明責任を果たす」ために実習記録を書くということを再認識してほしい。

参考文献・資料

○厚生労働省「ソーシャルワークに対する期待について」2017年

○一般社団法人日本ソーシャルワーク教育学校連盟「ソーシャルワーク演習のための教育ガイドライン(2022年2月改訂版)」2022年
(http://jaswe.jp/doc/20220228_enshu_guideline.pdf)

○一般社団法人日本ソーシャルワーク教育学校連盟「ソーシャルワーク実習指導・実習のための教育ガイドライン(2021年8月改訂版)」2021年
(http://jaswe.jp/doc/202108_jisshu_guideline.pdf)

○「大学等において開講する社会福祉に関する科目の確認に係る指針について」(平成20年3月28日19文科高第917号・社援発第0328003号文部科学省高等教育局長、厚生労働省社会・援護局長通知)

○J. D. ケーグル著、久保紘章・佐藤豊道監訳『ソーシャルワーク記録』相川書房、2006年

○J. D. Kagle, S.Kopels, *Social Work Records: 3rd edition*, Waveland Press, 2008

○Kolb, D. A., *Experiential Learning: Experience as the Source of Learning and Development*, Prentice-Hall, 1984

○G.Hamilton, *Social Case Recording*, New York School of Social Work,1936

○M.Richmond, *Social Diagnosis*, Russell Sage Found,1917

コラム

個と地域に働きかけるための視点の切り替え
－ソーシャルワーカーのメガネ－

　新カリキュラムになり大きく変更した点は、個別支援にとどまらず、地域に働きかけるメゾ・マクロの実践力を獲得することを目指した点にある。4つの力の1つである「見据える力」の視点の先に、支援を必要とする「個人」と、支援を必要とする個人が暮らす「地域」の双方を捉えていることが求められている。

　旧カリキュラムの実習では、実習生の視点は中央の白い部分へ焦点を当てることが求められていた。Aさんという個人に着目し、Aさんの思いやありたい姿に「共感する力」を培い、Aさんの強みや生活課題を「見据える力」を磨き、Aさんを支援する専門職の「関わる力」を学び、Aさんに関わるさまざまな情報を関係者に「伝える力」を高めることを目指した。専門職としてかけるメガネは、Aさんに焦点化された個に働きかけ

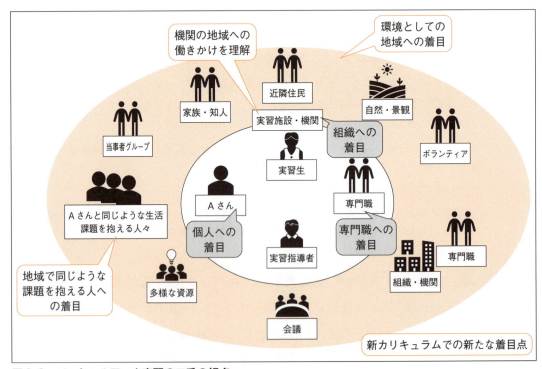

図2-2　ソーシャルワーク実習の二重の視点

るメガネである。

　しかし、新カリキュラムになり、地域に働きかけるソーシャルワーク実践を学ぶために実習生の視点が中央の白い部分からその周囲の色がついている部分、つまり地域の多様な人々、組織、地域の特性にまで拡げることが求められている。このとき、Aさんに焦点化されたメガネをかけたままでは「Aさんは入所していて、地域で暮らしていない」と目標を見失う実習生もいるだろう。

　ここで、ポケットからもう1つのメガネを取り出し、メガネをかけ替えるイメージをもってもらいたい。Aさんに焦点化されたメガネからAさんと同じような生活課題を抱える人々と、その人たちが暮らす地域を広く捉える広角レンズのメガネへのチェンジである。同じような生活課題を抱える人が複数いるとしたら、そしてその人たちが悩みを解決できないまま地域で暮らしているとしたら、その状況に対して地域に働きかけ変化を起こしていくことも、実習生が獲得すべきソーシャルワークの重要な実践力となる。

　この広角レンズのメガネをかけながら地域を広く見据えていくと、今はまだ存在していないがこれから必要となる資源開発の可能性も見えてくるかもしれない。また、そこで再びAさんに焦点化したメガネをかけ直してみると、その新たな資源にAさんがつながっている姿を想像することができ、どのようにそのつながりを形成していくかという個別支援にフィードバックしていくことも可能となる。

　柔軟にソーシャルワーカーの2つのメガネをかけ替えながら、個と地域に一体的に働きかける、総合的な実践力を獲得することを実習では目指してもらいたい。

日本福祉大学社会福祉学部教授

川島ゆり子

第3章

実習中の学習

第1節	実習における目標と学び方
第2節	ソーシャルワーカーの責務と技術
第3節	コミュニケーションと関係形成
第4節	実習施設の理解
第5節	個別支援の取り組み
第6節	地域支援の取り組み

第1節

実習における目標と学び方

　これまでに取り組んできた実習前の学習を経て、いよいよ実習施設に配属される。実習は、その施設の特徴を踏まえたうえで、ソーシャルワーカーとしての実践力を獲得することが求められる。目の前の実践から何を学び、何を「できるようになったか」が、一人ひとりの実習生に問われる。

　実習は、実践現場のダイナミックな営みのなかでソーシャルワークを学ぶ絶好の機会である。目の前のクライエントや実習指導者から学ぶのはもちろん、実習施設が所在する地域の雰囲気を感じながら取り組むことで、新たな視点や学びを得られるだろう。実習生には、実習前の学習の成果である「実習計画」などを基盤に、日々の取り組みの証となる「実習日誌」などの記録を活用しながら、実習に真摯に取り組むことが求められる。

　本節では、実習ガイドラインをもとに、実習生として理解しておくべき実習の達成目標や行動目標を確認したうえで、より深い学びとするための実習計画や実習記録の活用について取り上げる。

実習における達成目標・行動目標

1) 達成目標と行動目標の理解

　実習ガイドラインは、厚生労働省が示すソーシャルワーク実習の「ねらい」と「教育に含むべき事項」に対応する形で、ソーシャルワーク実習の教育目標として「達成目標」と「行動目標」を示している（p.52表2-8）。ここで着目すべきは、達成目標、行動目標とも文末はすべて「～できる」となっており、いずれも成果を示す指標になっている点である。すなわち、実習前の学習を土台に実際の現場で体験を通して学ぶというプロセスを経て、結果的にどのような実践力を獲得したのかが問われている。

　実習生は、単に実習で「○○に取り組んだ」ではなく、○○に取り組んだ結果、「□□ができるようになった」という段階まで到達しなくてはならないことを理解しておかなければならない。達成目標ごとに示されている行動目標を意識すると、実習生としてどのような行動をとり、その結果どのような成果を上げるべきかがよりイメージしやすい。

　達成目標と行動目標は、それらを1つずつクリアすることで、「ソーシャルワーク実習の教育目標」を達成していくことになる。いわば、各目標が階段の一段であり、それを上りきる

ことでソーシャルワークの実践力を獲得することにつながる(図3-1)。

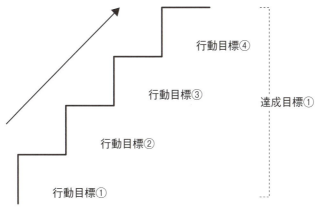

図3-1　実習における学びのステップ

2)実習の取り組み方と工夫

　実習ガイドラインで示されている達成目標や行動目標をクリアするために、実習生としてどのように取り組むべきだろうか。たとえば、実習ガイドラインの冒頭部分の項目の「実習の取り組み方と工夫」の欄を記入するとした場合を想定してみたい(表3-1)。

　①に対応する実習の取り組み方と工夫として、「クライエントの特性や関心に合わせた適切な声かけをしながら、自己紹介する」といったことが考えられるかもしれない。また②では、

表3-1　実習目標と取り組み・姿勢

ソーシャルワーク実習の教育目標		実習の取り組み方と工夫
達成目標	行動目標	
(1) クライエント等と人間関係を形成するための基本的なコミュニケーションをとることができる	① クライエント、クライエントの家族、グループ、地域住民、職員等、様々な人たちとのあらゆる出会いの場面において、その人や状況に合わせて挨拶や自己紹介、声掛けを行うことができる。	①に対応する実習の取り組み方と工夫
	② クライエント、クライエントの家族、グループ、地域住民、職員等と関わる場面において、その人や状況に合わせて言語コミュニケーションと非言語コミュニケーションを使い分けることができる。 以下、③、④は略	②に対応する実習の取り組み方と工夫

非言語コミュニケーションの特徴とクライエントの特性を理解したうえで、「クライエントの表情をよく観察することでクライエント自身の思いや考えを推察する」といったことなどが想定される。

また、2か所実習の特徴を踏まえ、それぞれの実習施設でどのように学ぶのかがポイントとなる。たとえば、1か所目が60時間の実習であれば、実習ガイドラインで示される項目のなかでも特に基礎的な力を獲得することが中心になるだろう。そして2か所目の180時間実習では、基礎的な力を活かして発展的に学び応用力を獲得していくことになる。いわば「基礎編」と「発展編」の2段階のステップで学びを深めるイメージをもちながら、実習生としてどのように工夫して実習に取り組むかが問われている。

3）本章第2節から第6節の構成

実習ガイドラインには、19の達成目標と75の行動目標が示されている。本章では、19の達成目標を5つに整理し、第2節から第6節で実習における学び方を述べている。各節の内容と関係する達成目標は表3-2の通りである。

上述した学びのステップを踏まえ、本章各節では「基礎編」と「発展編」に書き分けている。たとえば、60時間＋180時間の実習であれば、1か所目（60時間）を基礎編、2か所目（180

表3-2　第3章第2節から第6節の内容と達成目標の関係

節		節の内容	ガイドラインの達成目標		
第2節	ソーシャルワーカーの責務と技術	1．ソーシャルワーカーの倫理と職責	7	17	
		2．ソーシャルワーカーに求められる技術	19		
第3節	コミュニケーションと関係形成	1．クライエント・家族等および実習で関わる人々とのコミュニケーション	1		
		2．クライエント・家族等との援助関係の形成	2		
第4節	実習施設の理解	1．実習施設・職種の機能と役割	8	16	
		2．実習施設の経営とサービスの運営管理	15	16	18
		3．実習施設・クライエントと関わる社会資源	9		
		4．地域における実習施設の役割	12		
第5節	個別支援の取り組み	1．クライエントのアセスメント	3		
		2．個別支援計画の作成と実施	5		
		3．個別支援計画のモニタリングと評価	6		
		4．個別支援における多職種連携およびチームアプローチ	10	11	
第6節	地域支援の取り組み	1．地域のアセスメント	3	4	14
		2．地域を対象とする計画の作成	5	13	14
		3．地域を対象とする計画のモニタリングと評価	6	14	
		4．地域支援における多機関連携およびチームアプローチ	10	11	14

時間)を発展編とイメージすると理解しやすい。また、1か所目が180時間の場合は、はじめの3分の1程度(60時間)が基礎編で、残りの3分の2程度(120時間)と2か所目が発展編と想定できる。この2つは厳密に区分けできるものではないが、どの時期に、何を、どのように学ぶのかについて、2つのステップをイメージしながら読み進めることで、より理解が深まるだろう。

2 実習計画と実習記録の活用

1)実習計画の活用

　実習は「現場に行けばなんとかなる」というものでは決してなく、一定程度の時間をかけて実習前の学習に取り組み、十分な準備をして臨まなければ成果は得られない。実習生は実習開始までに実習計画を練り上げ、実習では、計画に定めた達成目標と行動目標の達成を目指す。その意味で、実習計画を書面にした「実習計画書」は、実習生にとって羅針盤のようなものである。羅針盤はコンパスの和訳であるが、まさに、実習での学びの方向性を示し、実習中に迷うことがあれば立ち戻るものだといえる。

　実習計画には、実習施設、さらには所在する地域等の特徴を踏まえ、実習生自身が取り組むべき事柄と目標が整理されているはずである。実習中も折に触れ実習計画を確認しながら、その実習施設で自分がどのような取り組みをすれば実習での目標を達成できるのか常に意識しておきたい。

　1か所目と2か所目の実習計画は、当然内容が異なる。特に2か所目の実習では、1か所目の実習計画とその計画に沿って取り組んだ実習内容を振り返り、1か所目では達成できなかったことや残された課題を達成できるように取り組むことが求められる。たとえば、1か所目の実習で取り組んだ達成目標が十分に達成できず、2か所目でも引き続き取り組む場合

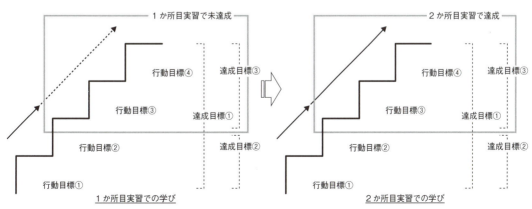

図3-2　2か所の実習と学びのステップの関係

がある。あるいは、1か所目の実習で達成した達成目標を土台に2か所目の実習で別の達成目標に取り組む場合もある(図3-2)。いずれにせよ実習中も実習計画を常に意識し、240時間の実習を通して各達成目標を漏れなく達成できるよう取り組む必要がある。

2)実習記録の活用

　実習記録とは、実習に関わるさまざまな記録のことである。実習計画書や実習報告書、自己評価シートなどを総じて指すことが多いが、そのなかでも使用頻度が高く、実習日ごとに作成するものとして「実習日誌」がある。実習中は、日々の経験や考察、受けた指導などを実習日誌に記録し、その後の実習に活かしていくことになる。実習日誌を含む実習記録の目的は以下の8点に整理できる(表3-3)。

表3-3　実習記録の目的

①　実習における実習目標や達成課題の確認
②　日々の体験の言語化による客観的な実践の振り返り
③　目標の達成状況の確認と次の実習日の目標設定
④　実習成果の自己確認・自己評価
⑤　実習指導者とのコミュニケーションツール
⑥　実習指導者・教員との実習スーパービジョンツール
⑦　記録作成業務のトレーニング・シミュレーション学習
⑧　実習生としてのリスクマネジメント

①実習における実習目標や達成課題の確認
　実習記録は、実習日誌や自己評価シートなど、日々の実習や実習の節目で作成する振り返りのためのシートなどで構成される。それらを見ると、自分が今どこまで目標に到達しており、何が課題となっているかを確認することができる。

②日々の体験の言語化による客観的な実践の振り返り
　実習日誌には、「本日の目標」、「実習日課」、「実習内容」、「目標の達成度」、「考察」、「次の実習日の課題」などの項目について記述するが、これらは達成目標や行動目標の達成に向けたPDCA(Plan：計画、Do：実行、Check：評価、Action：改善)サイクルになっている。
　実習日誌の作成には、その日の体験を言葉にしてわかりやすく記述するスキルが求められる。たとえば、その日に関わったクライエントとうまく関係形成が構築できなかった場合を想定すると、「なぜうまく関われなかったのか」「そのときにどうすればよかったのか」などをあれこれ考察してみるとよいだろう。特に「なぜ」にこだわり、その理由を自分なりに言語化するプロセスが大切である。実習場面が映像として見えてくるような実習日誌を書くことができれば、いつまでも瑞々しい記憶と記録として残るため、実践の振り返りに役立つ。

③目標の達成状況の確認と次の実習日の目標設定

　上述②と同様に、実習日誌が役立つ。特に、PDCAの「C（評価）」と「A（改善）」に該当する欄に着目したい。実習日誌で「C」に相当するのは「目標の達成度」、「A」に相当するのは「次の日の実習課題」などの名称で設定されている項目である。これらを丁寧に行うことで、的確に次の実習日の目標設定を行える。

④実習成果の自己確認・自己評価

　実習記録のなかには、自己評価のツールが含まれることが多い。「自己評価シート」や「振り返り表」などと呼称されることが多く、これらを使って、実習目標の達成度や課題などを自ら評価することが目的である。実習生自身が評価の主体となることから、評価の結果はもとより、なぜその評価に至ったのかというプロセスが重視される。

　自己評価のタイミングとしては、教員からの実習スーパービジョンの機会や実習の中間地点、実習終了前などが挙げられる。

　実習生は、自己評価を通して実習での学びの現在地を確認することができる。そのため、これから取り組むべき実習内容や残された課題を振り返るよい機会といえるだろう。2か所目の実習に向けて、1か所目の実習の自己評価を活用することもできる。

　自己評価の項目は、実習指導者による実習評価の項目と連動している場合がある。実習指導者の実習生に対する実習評価と実習生の自己評価が乖離（かいり）していれば、そのズレがどこから来るのかを実習スーパービジョンの際などに確認すると効果的である。

⑤実習指導者とのコミュニケーションツール

　実習日誌は、実習指導者からのフィードバックとしてコメントが付される。実習生はコメントを読み、自らの課題や自分だけでは気づかなかったこと、客観的評価を確認することができる。実習中に質問できなかったことや1日を振り返るなかで新たに湧き出た疑問などがあれば、それを実習日誌に記録することで、実習指導者からのフィードバックを受けることが可能となる。まさに、実習日誌を介した実習指導者とのコミュニケーションである。

⑥実習指導者・教員との実習スーパービジョンツール

　実習スーパービジョンとは、実習契約に基づき、すべての実習生に対して定期または不定期に実施されるもので、実習生は実習指導者と養成校の教員の二者から受けることになるため、「二重の実習スーパービジョン構造」になっている（図3-3）。

　実習記録は、この実習スーパービジョンの際、有効なツールとなる。実習指導者や教員は実習日誌などを確認しながら、実習生が何に取り組み、どのような学びを得ているのか、あるいはどこに課題や悩みがあるのかを把握することができる。それをもとに、スーパービジョンの機会を通して目標の達成に向けた検討を深めていく。

　教員との実習スーパービジョンは、クライエントとの関係や実習指導者等の関係者との関わり方なども含め、実習中の不安や悩みなどを伝える機会となる。また、そのほかにも、実習前の学習等で学んだ理論と施設での実践の間に感じるギャップなどを教員と一緒に考える

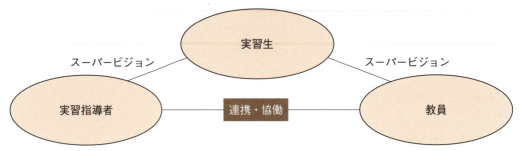

図3-3　二重の実習スーパービジョン構造
出典：浅原千里・江原隆宜・小松尾京子・杉本浩章・高梨未紀・明星智美編『ソーシャルワークを学ぶ人のための相談援助実習』中央法規出版、p.46、2015年を一部改変

機会ともなり得る。
　実習指導者との実習スーパービジョンでは、実習記録に書いていることはもちろん、書くことができなかったことがあればその理由を添えて、その機会を活かすとよいだろう。実習中には、自分のなかで消化しきれないモヤモヤとした気持ちをもつことや、思いがけない衝撃を受けることがあるかもしれない。そういったことを、実習記録をもとに二者間のやり取りを通して深めていくとよいだろう。

⑦記録作成業務のトレーニング・シミュレーション学習
　実際に現場で働くと毎日のように記録を作成することとなる。実習記録を作成することは、支援記録などを作成するトレーニングの一環となり、専門職としての記録作成方法を学ぶよい機会となる。

⑧実習生としてのリスクマネジメント
　実習記録は、日々の実習生の取り組みがそのまま明記されたものといえる。実習中には、思わぬトラブルや事故が生じることもあり得るが、その日の実習生の様子がわかる実習日誌などの記録があることで、実習生自身を守るためのツールとなる。

第2節

ソーシャルワーカーの責務と技術

　本節では、ソーシャルワーカーの責務と技術を実習でどのように学ぶかについて示す。ソーシャルワーカーは、倫理に則って権利擁護やエンパワメントを実践し、ソーシャルワーク専門職としての責務を果たさなければならない。また、クライエントのニーズの充足や地域課題の解決のために、さまざまな技術を活用できる実践力も求められる。本節の内容と主に関係するガイドラインの達成目標は、以下の3つである。

●**本節に関係するソーシャルワーク実習教育内容・実習評価ガイドラインの達成目標**
(7) クライエントおよび多様な人々の権利擁護ならびにエンパワメントを含む実践を行い、評価することができる
(17) 実習施設・機関等における社会福祉士の倫理に基づいた実践及びジレンマの解決を適切に行うことができる
(19) 以下の技術について目的、方法、留意点について説明することができる
　　・アウトリーチ　・ネットワーキング　・コーディネーション　・ネゴシエーション
　　・ファシリテーション　・プレゼンテーション　・ソーシャルアクション

1　ソーシャルワーカーの倫理と職責

1)ソーシャルワーク専門職の倫理

　ソーシャルワークの専門性は、価値・知識・技術で構成され、どれが欠けても成立しない（図3-4）。ソーシャルワーカーは、クライエントのニーズや地域の課題などに対応するため、「価値」を基盤に「知識」と「技術」を用いてソーシャルワーク実践を展開する。その際、判断のよりどころや行動の基準になるのが、「価値」を具体化した「倫理」である。

　ソーシャルワーク専門職の倫理を明文化したものに「社会福祉士の倫理綱領」がある。その内容は、ソーシャルワーク専門職のグローバル定義を含む「前文」「原理」「倫理基準」で構成されている。そして、倫理綱領をソーシャルワーカーの行動レベルで具体化したものとして「社会福祉士の行動規範」がある。実習生は、倫理綱領と行動規範に則って毎日の実習に臨み、迷った際は道しるべとして活用してほしい。

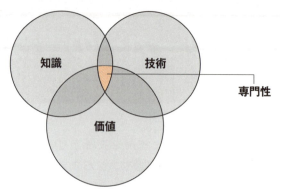

図3-4　ソーシャルワークの専門性を構成する要素

2) 倫理に則った実践と倫理的ジレンマの解決

<基礎編>

　実習ではまず、実習指導者や他の職員が倫理綱領と行動規範に則り、どのようにクライエント、家族、関係機関や地域住民らとやり取りしながら、日々のソーシャルワークを展開しているのかを観察することから始めてほしい。たとえば、通所型の施設の職員がクライエント宅に迎えに行った際、クライエントがその日の利用を拒否し、自宅から出てこないとする。このような場合、クライエントの意思を尊重し、その日は利用を無理に勧めないという対応もあるだろう。しかし、「どうして休みたいのですか」と理由を尋ねたり、「○○さんが会うのを楽しみにしていますよ」と利用を励ますといった対応もあるかもしれない。自己決定の尊重の観点からクライエントの言う通りにすべきと短絡的に結論づけるのではなく、職員の言動をよく観察し、後からその対応の意図を質問するなどして理解を深めてほしい。

<発展編>

　倫理綱領や行動規範のある項目に沿った判断・行動が、別の項目に沿った判断・行動と相反してしまう状況に遭遇することもある。これは倫理的ジレンマと呼ばれるものである。基礎編で例示したケースで考えると、クライエントの自己決定を尊重して自宅で過ごす時間ばかりになれば、クライエントの参加促進や能力向上の面では望ましくない。クライエントが社会と接点をもち、暮らしの幅を広げ、経験を増やすうえで施設利用が有効な場合もある。また、クライエントの家族は、クライエントが施設を利用せず自宅にいることで仕事を休まないといけないかもしれない。家族の暮らしが立ち行かなければ、家族自身のウェルビーイングが低下するのみならず、クライエントの不利益にもつながる。
　このような倫理的ジレンマに遭遇したときは、倫理基準・行動規範の何と何が相反している状態なのかを整理したうえで、クライエントへの共感を態度で示し、思いに寄り添い、受け止めることから始めてみよう。そして、実習生だけで考えるのではなく、実習指導者や教員に相談し、家族などクライエントを取り巻く人々の話も聞きながら、解決方法をクライエ

ントや関係者と一緒に探ってみよう。試行錯誤しながらクライエントに誠実に向き合い、倫理的ジレンマの解決に取り組む経験を積むことに意義がある。

3)個人情報の取り扱い

<基礎編>

　ソーシャルワーカーは、倫理に則り個人情報保護を遵守すると同時に、個人情報をクライエントのために適切に活用する職責を果たさなければならない。実習施設では、実習指導者や職員らがクライエントの個人情報をどのように管理し、どのように支援に活用しているかを把握してほしい。個人情報の取り扱いについてのマニュアルがあれば、閲覧させてもらうのもよいだろう。その際、単にマニュアルを読むだけでなく、実習施設の実践と関係づけて記載事項を理解するよう努めてほしい。

<発展編>

　クライエントの支援に複数の関係機関が関わる場合、個人情報を外部の誰とどのようにどこまで共有するかは、個人情報の保護と適切な活用にとって重要になる。実習では、支援会議などクライエントの情報を複数の関係機関でやり取りする場面に同席することもある。そのような場面では、実習指導者や職員が、誰とどのようにどんな情報をやり取りしているかをよく観察してほしい。観察するだけでなく、やり取りの意図や注意点を質問するなどすれば、個人情報の保護と適切な活用に関しての理解をさらに深められるだろう。その情報のやり取りが支援にどう影響するかまで考えられるとよい。

4)権利擁護とエンパワメントに基づいた実践

<基礎編>

　クライエントが主体性を最大限に発揮できるよう権利擁護とエンパワメントに取り組むことは、ソーシャルワーカーの重要な職責の1つである。実習施設では、権利擁護やエンパワメントに関する取り組みがさまざまな形で行われている。実習中に実習指導者からその点に関して説明があれば、実習施設の具体的な取り組みと関係づけながら理解してほしい。説明がない場合でも、実習施設の一つひとつの取り組みが権利擁護やエンパワメントとどう関係するのかを考えながら日々の実習に臨んでほしい。

　実習生は、クライエントを思うがゆえに、「できないこと」や「困っていること」を何とか「してあげる」という発想になりがちだが、クライエントのストレングスに着目して主体性の発揮をどう支えるかという視点で関わってほしい。実習では、食事、余暇活動、生産活動などを通してクライエントとコミュニケーションをとり、共に過ごす機会があるだろう。実習前の学習で学んだことを活かすとともに、実習指導者や職員がクライエントとどのようにコ

ミュニケーションをとっているかをよく観察し、積極的に取り入れてほしい。

＜発展編＞

　実習施設内だけでなく、実習施設の地域における権利擁護とエンパワメントの取り組みについても把握する必要がある。成年後見制度利用支援事業や日常生活自立支援事業などのフォーマルな事業が、地域でどのように実施されているかなどを把握しよう。実習指導者や職員への聞き取りのほか、関係機関を訪問したり、地域の各種会議に参加したときに実習施設外の人の話を聞いたりすることも手段の１つである。また、事業化されたものだけでなく、自助グループなどのインフォーマルな取り組みにも、権利擁護やエンパワメントに関わるものは多い。地域にどのような団体があり、誰を対象に何を目的としてどのような活動をしているかを把握しよう。地域のフォーマルな事業とインフォーマルな取り組みが把握できたら、権利擁護とエンパワメントの視点で整理して地域の強みと課題まで考えてみよう。

2　ソーシャルワーカーに求められる技術

　ソーシャルワーカーは、さまざまな技術を活用して実践を展開している。ここでは、以下の７つの技術を取り上げ、実習でどのように学ぶかを述べる。

●本節で扱うソーシャルワーカーに求められる技術
（１）アウトリーチ　　　　　（２）ネットワーキング　　　（３）コーディネーション
（４）ネゴシエーション　　　（５）ファシリテーション　　（６）プレゼンテーション
（７）ソーシャルアクション

1）アウトリーチ

＜基礎編＞

　ソーシャルワーカーは、自施設内での支援にとどまらず、支援の届きづらい人々に対する積極的な働きかけも行う。アウトリーチと呼ばれる実践である。社会福祉協議会など地域住民を幅広く対象とする施設では、困りごとに対する自覚がない、自分から支援を求められない、あるいは支援を受けることに抵抗感のある人と出会うことがある。そのような人の支援に関わる機会があれば、まずは得られた情報をもとにしてその人の置かれている状況や背景を理解するよう努めてほしい。そして、実習指導者や職員がその人に対して、どのように関わっていくかを相手の反応と合わせて経時的に観察しながら、随時関わり方の意図を質問して理解してほしい。

＜発展編＞

　関係機関の集まる協議会、地域住民の集まり、他施設への訪問の機会などを活用して、ニーズを抱えながらも支援につながっていない人々の暮らしの現状について理解してほしい。さまざまな関係者の声を聞くことで、一人のクライエントとの関わりだけでは見えなかった地域全体の課題が見えてくるはずである。なぜ支援につながらない人々がその地域には存在するのか、どのような理由で支援につながらないのか、どうしたら支援につなげられるのかを考えてほしい。

　実習でアウトリーチに携わる機会を得られたときは、クライエントの心情にしっかりと寄り添い、支援を押しつけるのではなくクライエントに伴走する形で関わろう。その際には、本章第3節「コミュニケーションと関係形成」の内容が活かせる。アウトリーチに携わった経験を何度も振り返ることで、実習施設が多職種・多機関と連携してソーシャルワークを展開していくプロセスの理解も深められる。

2)ネットワーキング

＜基礎編＞

　ソーシャルワーカーは、福祉サービスのみならず、地域の保健・医療サービスなども含めたフォーマルな社会資源、さらにはインフォーマルな社会資源をつなぐ。ネットワーキングと呼ばれる実践である。個別支援計画の作成時などには、クライエントを取り巻く環境をエコマップで可視化してネットワークの全体像を把握しよう。その際、ネットワーキングの視点から、現在つながっている社会資源だけでなく、今後つながる必要のある社会資源も整理してみよう。さらに、つながる必要のある社会資源とクライエントを具体的にどうつなげるかまで考えられるとよい。

＜発展編＞

　クライエントの地域での暮らしを支える支援会議や地域の課題解決に向けた協議会等への参加を通じ、ソーシャルワーカーが地域の社会資源に対してどのような働きかけをしているのかをネットワーキングの視点で観察してほしい。そして、地域課題の解決やクライエントを含む地域住民の暮らしを支えるために、クライエント、家族、関係機関、地域住民らがどのようにつながり、実際にどんな連携を行っているのかについて、それぞれの立場の人から話を聞くよう努めてほしい。これらの観察や聞き取りを通じて、実習施設の地域におけるネットワーキングの成果や課題を整理し、課題解決のための取り組みを考えられるようになるとよい。

第2節　ソーシャルワーカーの責務と技術　**73**

3)コーディネーション

<基礎編>

　ソーシャルワーカーには、クライエントのニーズの充足や地域課題の解決に必要なフォーマル・インフォーマルな社会資源を適切に調整する役割が求められる。コーディネーションと呼ばれる実践である。ソーシャルワーカーは、普段から地域にある社会資源を把握し、その資源を円滑に活用できる力を高めておく必要がある。クライエントの支援会議などに参加した際には、実習指導者や職員が実習施設内の他の専門職や外部の関係機関と何についてどのように調整を図っているのか観察しよう。目的と相手によって調整の仕方やポイントは違うため、観察した内容をもとに後から実習指導者や職員に質問して確認しよう。

<発展編>

　地域で開催される協議会等の集まりに参加する際には、参加している関係機関や地域の団体の特徴・役割を理解してほしい。そのうえで、ソーシャルワーカーが、クライエントのニーズの充足や地域課題の解決に向けて、どのようにその会議の場を調整しているのかを観察してほしい。このとき、会議当日の運営だけでなく、事前準備から会議後の動きまでを含めた一連のプロセスを捉える必要がある。さらに、地域全体の支援体制にも目を向けてほしい。地域ごとに強みと課題があり、求められる支援体制も各地域で違う。実習指導者や職員が行っている調整が、地域の強みや課題とどう関係するのか、地域の支援体制の構築・強化にどう結び付くのかまで整理して考えられるとよい。

4)ネゴシエーション

<基礎編>

　ソーシャルワーカーは、クライエントの権利と利益を守るために、他の専門職や関係機関などと交渉しなければならないこともある。ネゴシエーションと呼ばれる実践である。1人のクライエントの支援にはさまざまな人が関わるため、時には利害の衝突が起きることもある。実習でそういった衝突の場面に出くわしたら、実習指導者や職員が、関係する人々にどのように働きかけてクライエントの権利と利益を守っているかを観察しよう。その後の連携のことも考え、無理強いや安請け合いとは違う関わり方をしているはずである。

<発展編>

　ソーシャルワーカーは、地域課題を扱う協議会等に参加する際や協議会等を主催するにあたって、その目的が達成されるようキーパーソンや利害関係者と会議の前後でもやり取りしている点に注目してほしい。難題を扱う場合や参加する人が多様であれば、限られた時間の会議だけではうまく事が運ばないこともある。そのようなときは、事前・事後のやり取りの

なかでキーパーソンや利害関係者と大小の交渉を行い、目的の達成を図るのである。実習指導者が会議等の前に関係者を訪問したり、会議後に関係者と立ち話をしているところを見たら、会話の進め方と内容を許される範囲でしっかりと見聞きしてほしい。

5) ファシリテーション

＜基礎編＞

　ソーシャルワーカーは、クライエントの支援会議等において、円滑な進行と議論の活性化のために参加者の発言を促したり、意見の整理や議論の軌道修正を行う役割を担うことがある。ファシリテーションと呼ばれる実践である。ソーシャルワーカーは、会議等の場でファシリテーター役を担うことが少なくない。支援会議等に参加する場合には、実習指導者や職員が、クライエント、家族、その他の会議参加者の発言をどのように引き出しているか、さまざまな意見が出たときにどのように合意形成を図っているかを観察しよう。

＜発展編＞

　ファシリテーションの技術は、会議等の司会役になったときだけでなく、クライエント、家族、その他の関係者との日ごろのやり取りにも活用できる。実習指導者や職員が、複数人のクライエントと同時に関わっている場面に出会ったら、クライエント一人ひとりからの発言の引き出し方、クライエント同士の交流の促し方、集団活動の進め方などを観察しよう。実習指導者や職員に、複数人のクライエントに同時に関わるうえで気をつけている点を質問するのもよい。真似できそうな部分があれば、自分がクライエントに関わるときに取り入れてみよう。そして、何度も繰り返し実践し獲得してほしい。

6) プレゼンテーション

＜基礎編＞

　ソーシャルワーカーには、クライエントや家族に対して個別支援計画を説明する機会や支援会議でクライエントの状態などを報告する機会がある。その他、関係機関や地域住民に対する自施設の取り組みの説明、イベントの告知、ボランティアの募集といった宣伝・広報活動を担う機会もある。これらは、プレゼンテーションと呼ばれる実践である。プレゼンテーションにはさまざまな形があるため、まずは実習指導者や職員がクライエント・家族や地域住民などに対して行う説明や報告の場面に同席し、実習指導者らが強調している点や伝え方で工夫している点に注目して観察しよう。プレゼンテーションを受ける側の反応も合わせて観察できるとよい。

＜発展編＞

　プレゼンテーションは、クライエント、家族、多職種、地域住民などと協働していくうえで、理解や参加を促す大切な技術となる。個別支援計画を立案した際は、実習指導者や職員のやり方を手本にして、クライエント、家族、その他の関係者に説明しよう。プレゼンテーションもコミュニケーションの延長線上にあると捉え、本章第3節でも学ぶように「相手に合わせて」行う必要がある。実習指導者や職員が地域住民や行政などに対してプレゼンテーションを行う場面に同席できたら、その内容だけでなく、資料の形式から話し方などの方法面もよく見聞きしてほしい。実習施設によっては、実習の中盤や終盤に学びの成果を報告する機会が設定されている場合もあるため、真似できそうな部分から取り入れて実践してみよう。

7)ソーシャルアクション

＜基礎編＞

　クライエントのニーズの充足や地域課題の解決のためには、社会資源の開発、組織変革の促進、新たな施策や法令の制定を実現させる動きも時には必要となる。ソーシャルワーカーは、専門職のみではなく、クライエントや地域住民の力を引き出しながら課題解決に向けて行動しなければならない。ソーシャルアクションと呼ばれる実践である。実習施設内の会議や地域の協議会等に参加する際は、一人のクライエントへの個別支援の視点だけでなく、実習施設や地域の課題解決への取り組みの視点ももとう。クライエントの個別支援に関する会議が、実施施設や地域の課題解決に向けた取り組みのきっかけになっていることも少なくない。クライエントの個別支援を通じて発見された実習施設や地域の課題にはどのようなものがあり、その課題をソーシャルワーカーが誰と共有し、解決のため関係者にどのように働きかけているかを理解しよう。

＜発展編＞

　実習では、クライエントがさまざまな制度の狭間に置かれて、ニーズに適した社会資源を利用できない事態に遭遇することがある。そのようなクライエントの支援において、実習指導者や職員が、行政、関係機関、地域住民などにどのように働きかけているかを観察してほしい。その働きかけの過程で、日ごろの実践を通じて形成してきた地域の支援ネットワークをどのように活かしているかにも目を向け、活用の仕方や活用する意義を理解しよう。さらに、未解決の地域課題の解決やクライエントを含む地域住民のウェルビーイングのため、ソーシャルワーカーとして社会資源の開発や新たな施策の実現などに向けて行政、関係機関、地域住民にどのような働きかけができるのかまで考えられるとよい。その際、実習施設や地域におけるソーシャルアクションに関わるこれまでの取り組みについても情報収集しよう。

3 本節の内容と「4＋1の力」の関係

本節では、ソーシャルワーカーの責務と技術を実習でどのように学ぶかについて、ソーシャルワーカーの倫理や用いられる主要な技術を取り上げて示した。本節のまとめとして、それらと「4＋1の力」を関係づけて述べる。

1）伝える力

ソーシャルワーカーにとって「伝える」とは、単に自分の考えを一方的に伝えることではなく、クライエントのニーズの充足や地域課題の解決に向けて、協働する人々と相互理解を深める過程の1つである。本節で紹介した「社会福祉士の倫理綱領」にもあるように、クライエントをはじめとする他者を先入観や偏見なくあるがままに受容し、対等な関係を築かなければ相互理解は深められない。相互理解を深める過程の伝える行為全般において、他者の価値観や文化に対して敬意を払うなど、ソーシャルワーカーの倫理に則った言動が徹底される必要がある。他方で、伝え方も重要になるため、プレゼンテーションなどの技術も活用できなければならない。目的や相手に応じた方法で効果的に自身の考えを伝えられれば、相互理解は深まり、ひいては課題解決に向けた協働が円滑に進む。

2）共感する力

自分と違う価値観や経験をもつ他者に共感するには、他者をあるがままに受け止める受容の態度、異なる文化に関する知識と敬意、他者個人についての深い理解が欠かせない。ソーシャルワーク実践では、客観的に支援を要する状態で当人に困り感があるにも関わらず支援を求めない人に出会う。ソーシャルワーカーは、自己決定を尊重しつつも、その人のウェルビーイングが損なわれるようならアウトリーチなどの働きかけを行う。このとき、一見不合理に見える支援を求めない行動に対し、ソーシャルワーカー個人の価値観に翻弄され審判的に振る舞うことなく、ソーシャルワーカーの倫理に則り行動できるかが問われる。また、働きかけの過程で、機微な個人情報に触れる場合もある。守秘義務の遵守と個人情報の適切な取り扱いは、情報を話してくれた相手への敬意と共感を具体的に示す行動だといえる。

3）見据える力

地域社会には多種多様な課題が存在するが、社会福祉専門職の視点でそれらの課題を捉

え、社会福祉専門職の視点をもって解決に取り組むのがソーシャルワーカーである。不況、パンデミック、紛争など地域社会全体が危機に晒されたとき、その悪影響は社会的に不利な立場の人々により強く表れる。社会的に不利な立場の人々は少数派である場合も稀でなく、声を上げられない、声を上げても埋もれてしまうといった状況に陥りがちである。ソーシャルワーカーは、ともすれば見過ごされてしまうそうした人々に寄り添い、励まし、時には代弁し、権利擁護やエンパワメントを実践する専門職であることを忘れてはならない。ファシリテーション、ネゴシエーションなどの技術を活用しながら、社会福祉専門職ならではの取り組み方で、人々がもてる力を発揮して主体的に生きることを支えるのである。

4)関わる力

　クライエントをはじめとする人々の自己決定を支えるのは、ソーシャルワーカーの務めである。自己決定は、社会への参加が保障されてこそ主体的に行える。そのため、ソーシャルワーカーは、人々がその人に合った形で参加できるよう情報提供、社会資源の提供・調整などを行い、場合によっては地域・コミュニティに働きかけて参加の機会を創出する必要がある。これらの実践では、コーディネーション、ネットワーキングなどの技術を活用することになる。一方で、さまざまな人の自己決定に伴って、ある人の利益と別のある人の利益が相反する状況に遭遇することもある。そのような状況では、ソーシャルワークの価値をよりどころに、本節で扱ったソーシャルワークの技術を駆使して関係する人々と丁寧に関わりながら共に考え、最適な打開策を追求するのがソーシャルワーカーの務めとなる。

5)地域社会に貢献する力

　地域社会のあり様などクライエントを取り巻く環境が、クライエント本来の力の発揮を妨げているとき、ソーシャルワーカーは一層積極的に地域社会に働きかける必要がある。たとえば、ソーシャルワーカーはクライエントを支援するなかで、現行の制度設計や社会資源の不足等がニーズの発生に関わっている事態に行き当たり、ソーシャルアクションを実践する場合がある。ソーシャルアクションでは、クライエントが社会に参加する機会を得て、自身の力を十分に発揮して主体的に暮らせるよう地域社会の変容を図る。その際、当のクライエントだけでなく、類似のニーズを抱えた他のクライエントや関係者等の参画を促し、関わる人々の力を引き出しながら取り組みを進める。それは、クライエントを含む地域の人々の地域社会に働きかける力の向上を通じた地域社会への貢献である。

| 第3節 |

コミュニケーションと関係形成

　本節では、コミュニケーションと関係形成を実習でどのように学ぶかについて示す。ソーシャルワークは、クライエントやクライエントに関わるさまざまな人たちとの関係を通して支援を行うものであり、コミュニケーションはその実践の中核となる。コミュニケーションは人と人との関係に活力を与え、同時にその関係を維持するものである。クライエントのニーズを正確に理解し、よりよい結果へと結び付けるには、コミュニケーションおよびコミュニケーションを通した援助関係の形成が不可欠なのである。

　実習ではクライエントやその家族だけではなく、実習施設の職員や関係機関、地域住民などさまざまな人々と関わることになる。実習とそこで取り組む実践を意義あるものにしていくためにも、実習に関わるさまざまな人とコミュニケーションを図り、良好な関係の形成を目指そう。本節の内容と主に関係するガイドラインの達成目標は、以下の2つである。

●本節に関係するソーシャルワーク実習教育内容・実習評価ガイドラインにおける達成目標
（1）クライエント等と人間関係を形成するための基本的なコミュニケーションをとることができる
（2）クライエント等との援助関係を形成することができる

---

1 クライエント・家族等および実習で関わる人々とのコミュニケーション

1）＜基礎編＞コミュニケーションの基底

　コミュニケーションとは、カデューシン（Kadushin, A.）らによれば「意見や感情、態度を言語的、非言語的に表すことで共有するもの」とされる。また、辞書的な定義として、広辞苑第7版（新村2018）では、「社会生活を営む人々の間で行う知覚・感情・思考の伝達」とされている。これらの説明にあるように、情報を互いに受け渡すことで人と人を結び付け、物事の認識や考え方を共有する機能がコミュニケーションの基底になる。

2)＜基礎編＞実習生としての基本姿勢

①クライエントとのコミュニケーション

　クライエントにとって、実習生は職員でも他のクライエントでもない外部の人間である。そのため、クライエントから普段職員には話さないような思いを打ち明けられたり、普段とは違った一面を見せてくれたりすることがある。しっかりと受け止めるとともに、対応に悩む場合は実習指導者や職員に相談しよう。また、自身が行ったコミュニケーションとクライエントの反応を詳細に記録し、報告することで、職員が新しい気づきを得たり、新しい支援に向けて検討したりする機会となることもある。

　実習生は実習期間を通して、クライエントからさまざまな話を聴くことから、「何とかしてあげたい」という気持ちをもつことが少なくない。しかし、実習生はその立場上、限られた期間の関わりとなり、自分の思いつきだけで支援を実施することはできない。仮にクライエントにとって最善と考えて始めたことであっても、その実践を最後までやり抜く責任をとれないのである。実習生としてクライエントに関わる際には、こうしたクライエントの思いや実習生自身の思いと、実習生としてできることとのジレンマがあることを常に意識し、自己満足の対応をとらないようにしよう。

②クライエントの家族とのコミュニケーション

　ソーシャルワークにおいて、クライエントの家族は専門職とともに連携してクライエントをケアしていく「協力者」である。クライエントの支援内容やリスクについて、家族と情報共有し、支援方針の決定に積極的に参画してもらうことが求められる。しかし、多くの場合、クライエントの家族も、そのクライエントとの生活や先行きに不安を感じている。こうしたクライエントの家族の不安や不満を汲みとり、共にクライエントを支えていける関係・環境づくりを進めていくこともソーシャルワークを実践するうえで必要となる。実習では実習生がクライエントの家族と関わることも少なくない。クライエントの家族にとっては、たとえ実習生であってもクライエントの支援に関わる関係者である。実習生から積極的に挨拶や声かけを行うとともに、クライエントの家族からの要望・意見、時には苦情に対しても肯定的に受け止める姿勢を示し、良好な関係を保つことを意識しよう。

③職員・関係者とのコミュニケーション

　実習において、実習生はソーシャルワーカーを目指す学生であるとともに実習施設の一員であるということを認識し、その役割と責任に対応した行動をとることが求められる。その基本は「相手の立場になって考える」ことである。たとえば、指定されたミーティングの時間に５分遅れてしまいそうなとき、「たかが５分だから連絡しなくてよいか」と考えて連絡しなかったとしよう。それによって相手に心配をかけてしまうとともに、忙しいなかで調整してくれた相手の時間をあなたの都合で無駄にしてしまうことにもなる。何かしらの理由で遅れてしまうことがあったとしても、事前に連絡し、状況を伝え、相手が対応できるように配慮

することが、この場合に求められる対応である。

　自分の行動が相手にとってどんな影響を与えるのかということを常に意識し、実習生として、また同じ社会を構成する一員として円滑に実習が進められるように取り組もう。

　実習は、自身で立てた目標に向けて実習計画を作成し、その計画に基づいてこれまで学んできたソーシャルワークの知識や技術を実践的に「獲得する」場である。その主体は実習生自身であることを忘れないようにしよう。わからないことや疑問に感じることなどがあれば、説明されるのを待つのではなく、自分から積極的に質問するなど主体的な学びが進められるようにコミュニケーションを図ろう。

3）＜基礎編＞実習での取り組みのポイント

①挨拶から始めよう

　通常、コミュニケーションは互いが関わりをもつ準備ができたことを了解したところから始まる。その最初の一歩となるのが挨拶である。互いに気持ちのよい挨拶を交わせるようになれば、それだけで対人的な距離も近くなる。クライエントおよびその家族、実習指導者、他施設・機関の職員など、さまざまな相手や状況に合わせて挨拶の仕方を工夫しよう。

②相手の話を最後まで聴こう

　普段のコミュニケーションでは、相手が話し終わる前に返答をしてしまうこともあるかもしれない。しかし、ソーシャルワーク実践におけるコミュニケーションでは、そうした行為は相手に「しっかり話を聴いてくれていないのではないか」という不信感を与えてしまう。しっかりと相手が話し終わるまで待ち、丁寧に返答することを心がけよう。

③報告・連絡・相談をしよう

　実習には実習先の職員の方々をはじめ、多くの人々が関わっている。そして、ソーシャルワークは多くの専門職や関係者が一丸となって取り組むものである。実習の実施に影響があることや実習中にクライエントの普段とは異なる言動に気づくようなことがあれば、すぐに実習指導者や職員に報告しよう。実習生という立場であっても、組織の一員であることを認識し、普段から情報を共有できる関係を築いておくことが重要である。

4）＜発展編＞言語コミュニケーションの特性を意識する

　言葉や文字を用いて行う言語コミュニケーションは、意識的に操作しやすく、発話者の意思によってその内容がコントロールされていることが多い。ただし、発言された内容や書かれた内容がそのまま相手に解釈されて伝わるため、一度発信された内容を取り消すことが難しいという特徴がある。たとえば、自分は相手を褒めるつもりで「さすが○○さんは頭がい

第3節　コミュニケーションと関係形成　**81**

いですね」と言ったのに、相手にはそれが皮肉として受け取られてしまうことがある。言葉は常に意図通りに相手に伝わるわけではなく、多義的であり、解釈のギャップがあることに注意しよう。同時に、クライエントが作ったものを「素敵ですね」と褒めるといったような相手への肯定的な声かけは、その相手の役割獲得や意味づけにつながるものである。言語コミュニケーションそれ自体が支援にもなり得ることを理解して関係づくりを進めよう。

5)＜発展編＞非言語コミュニケーションの特性を意識する

　表情や身振りなど、言葉や文字以外の方法で行う非言語コミュニケーションは、発信者が意識的にコントロールしにくく、知らず知らずのうちにとってしまった行動によって自身が意図しない形で解釈される恐れがある。たとえば、クライエントが話している最中にボールペンをカチカチとノックしてしまうことで「真剣に聴いてくれていない」と受け取られてしまうことがある。

　非言語コミュニケーションは、個人的な感情や対人関係における態度の表出およびその解釈において非常に重要な役割を担っている。ソーシャルワーカーのほほえみや柔らかいまなざしは、クライエントに安心感を与えて温かく迎えようとする態度を表現し、クライエントの話へのうなずきやあいづちは、クライエントの話を真剣に、そして受容的に聴いていることを伝える。

6)＜発展編＞言語・非言語コミュニケーションの伝達経路と相互作用を意識する

　言語コミュニケーションと非言語コミュニケーションの伝達経路は表3-4に示すような形

表3-4　言語・非言語コミュニケーションの伝達経路

	音声的	非音声的
言語的	●話し言葉 ・話の意味や内容	●書き言葉 ・書かれた文章の意味や内容
非言語的	●準語コミュニケーション ・声の大きさ、声の質 ・話し方の抑揚、話す速度 ・話の間の取り方、リズムなど	●体の動き ・表情、視線、ジェスチャーなど ●体の接触 ・握手、タッチなど ●体の特徴 ・顔つき、体型、髪型など ●距離・位置 ・相手との間隔、座る場所など ●身だしなみ ・服装、化粧など ●環境 ・照明、温度、家具など

に分けられる。伝えたい情報に応じてそれぞれの方法を相互に作用させることによって、より効果的に相手へ情報を伝達することができる。たとえば、「おはようございます」という挨拶ひとつとっても、表情も変えず声だけ出す場合と、わかりやすく手を挙げ、笑顔で声を出す場合とでは、その挨拶を受け取る相手の印象は大きく異なる。話の内容だけではなく、相手や自分が発する非言語的な情報にも配慮できるよう意識しよう。

7) ＜発展編＞実習での取り組みのポイント

①クライエントの情報を集めよう

　コミュニケーションのレベルを合わせるためには、日ごろから相手の性格的な傾向や話し方、疾病・障害の特徴などさまざまな情報を集め、把握しておくことが重要になる。日常的なコミュニケーションのなかでの観察、実習指導者や職員への確認、カルテの参照など、専門職として相手としっかり向かい合うためにも、その人に関わるさまざまな情報を収集しよう。

②わかりやすい言葉で話そう

　コミュニケーションを適切に行うには、相手と同じ土俵に立つことが重要になる。クライエントに専門用語を多用して説明をしても、相手に通じていないのでは全く意味がない。逆に専門職同士の会話であれば、専門用語や正確な病名等も適宜使わなければ的確に伝わらない。それぞれの相手や場面に応じたコミュニケーションのレベルにズレがあると、「わかってもらえない」「話が通じない」といった不信感につながってしまう。それぞれの場面に応じて、なるべく相手が普段使っている表現に合わせてコミュニケーションを行うことを心がけよう。

③フィードバックをもらって改善しよう

　実習では、実習指導者や教員、実習で関わる他施設・機関の方やクライエントなど、さまざまな人たちからアドバイスを頂くことができる。自身のコミュニケーションについて「わかりにくいところはなかったでしょうか」と尋ねたり、スーパービジョンを活用して問題点を検討したりするなど、実習生としての利点を活かし、実習で関わるさまざまな人たちから自身のコミュニケーション方法についてのフィードバックをもらえるよう謙虚な姿勢で学ぼう。

第3節　コミュニケーションと関係形成

2 クライエント・家族等との援助関係の形成

1)＜基礎編＞専門的援助関係と日常的な関係との違いを意識する

　専門的援助関係とは、私たちが普段行っている個人的な親密性を高めるような関係ではなく、あくまでクライエントのニーズの充足や課題解決を目的とする関係である。実習生は、その違いを意識してクライエントと関わる必要がある。表3-5にそれぞれの関係における主な特徴を示す。

表3-5　専門的援助関係と日常的な関係の特徴の比較

	専門的援助関係	日常的な関係
目的	意図的に規定・計画された目的・目標の達成に向けて実施。	明確な目的・目標はなく、話題が幅広い。
責任	ソーシャルワーカーはクライエントに対し、面接等の結果について責任を負う。	会話の結果に対してどちらも責任をもたない。
役割	ソーシャルワーカーとクライエントの役割は明確に区別される。	明確な役割の区別がない。
義務	ソーシャルワーカーはクライエントのニーズに応じ、目的が達成されるまで継続する義務を負う。	会話を始めることも続けることも義務ではない。
機会の設定	意図的に選択された時間、場所、期間で実施。	時間や場所などの明確な設定がない。
会話の計画性	目的の達成に向けて、計画的・構造的に実施。	自由に話したい時に、話したい内容で行われる。
会話のバランス	焦点はクライエントの利益になるように設定。	双方向的。

資料：A.Kadushin & G.Kadushin, *The Social Work Interview*, Columbia University Press, pp.7-12, 2013 をもとに作成

2)＜基礎編＞専門的援助関係形成に基礎的コミュニケーションスキルを活用する

　ソーシャルワーカーは、援助関係を形成するためにさまざまなコミュニケーションスキルを用いる。以下では、クライエントとの専門的援助関係の形成に活用できるいくつかの基礎的なスキルとその注意点について確認していこう。

①傾聴

　傾聴では相手の話を受動的に聴くだけではなく、聴いていることを相手に伝えることも重

84　第3章　実習中の学習

要な要素となる。たとえば、相手が顔を上げたときに視線を合わせ、静かにうなずいて見せたり、相手の話のリズムに合わせてあいづちを打ったりするなど、クライエントの言葉を受け止め、その思いを理解しているということを返していく姿勢が求められる。

②共感的理解

　相手を共感的に理解することは、単純に相手に賛同することではない。表面的な同意や賛同は一時的な衝突の回避にはなっても、クライエントの本質的なニーズや思いを理解することにはつながらない。たとえば、クライエントの「生活が大変で…」という語りに対し、「大丈夫ですよ」と答えるような対応は、クライエントを受け止め、共感的に理解しようとしているとは言い難い。ソーシャルワーカーは「生活が大変なのですね」とクライエントの思いをそのまま受け止め、それを返し、その思いを起点としてクライエントの背景的な理解を深めていく姿勢を保つことを意識しよう。

③質問

　援助関係においてクライエントに質問をする際は、クライエントが自分自身で課題やその解決について考えを深められるように適切な質問を行うことが求められる。質問は、開かれた質問と閉じられた質問に大別できる。たとえば、「どうやってその困難を乗り越えられたのですか？」は開かれた質問にあたり、「介護についての相談ですか？」は閉じられた質問にあたる。開かれた質問は回答の自由度が高く、相手の気持ちや思いを理解する際に有用である。他方で、閉じられた質問は「はい」か「いいえ」で答えられることから、会話に対しての心理的負担が少なく、話の導入や簡単な事実確認等に優れる。状況に合わせて使い分けられるように意識しよう。

④姿勢と距離感

　話す姿勢や距離の近さは互いの親近感を表すが、こうした対人距離は互いの信頼感によって大きく変化するため意図的にコントロールする必要がある。たとえば、腕や足を組んでいるようなソーシャルワーカーにクライエントは安心して話すことはできない。専門的援助関係の構築段階では柔らかな笑顔や声、大げさすぎない身振り、近すぎない距離感を保ちつつ、まずは信頼関係を構築しよう。また、相手に触れる行為、たとえば軽く肩に触れたり優しく背中に触れたりするスキンシップは関係性を深める有効な手段だが、ある程度の信頼関係が構築されていなければ逆効果となる可能性もあることに注意しよう。

3）＜発展編＞専門的援助関係形成の基本原則を実践する

　専門的援助関係の形成における基本原則として、バイステック（Biestek, F.）は次の7つを提示している。基本原則ではあるが、徹底して実践するのは簡単なことではない。以下では、これらの原則を実習でどのように実践するかを見ていこう。

原則① クライエントを個人として捉える：個別化

　クライエントは個別の存在であり、一人として同じ人はいないとの理解に基づいて支援を進めなければならない。たとえば、子育て中のクライエントとの面談を日中の忙しい時間に設定することは「個別化」しているといえるだろうか。ひと言、「ご都合のよい時間はありますか」と確認するだけでも、相手は自分の状況に配慮してくれていると感じるものである。実習では、クライエントは一人ひとり違うということを強く意識し、自分の対応が定型的な対応になっていないか振り返りつつ、クライエントの状態・状況に基づいたきめ細やかな配慮を心がけよう。

```
●自分の実践を振り返ってみよう
・対応がパターン化していないか
・偏見、先入観がないか
・相手のペースを尊重しているか
```

原則② クライエントの感情表現を大切にする：意図的な感情表出

　クライエントが自分の感情を表現できるように、環境や雰囲気をつくることが求められる。実習では、実習指導者や職員に確認しながら、クライエントがリラックスして話すことができるような環境や雰囲気づくりを意識しよう。また、面接や話のなかで相手が感情を表出することがあれば、否定したりはぐらかしたりするのではなく、「～だと思ったのですね」と確認するなど、相手に寄り添い、感情表出を深められるような声かけを意識しよう。

```
●自分の実践を振り返ってみよう
・話しやすい雰囲気をつくれているか
・感情表出を促すような声かけは適切にできているか
・クライエントの気持ちを無理やり探ろうとしていないか
```

原則③ 支援者は自分の感情を自覚して吟味する：統制された情緒関与

　クライエントの感情に対して、その意味をしっかり理解し、ニーズに沿って意図的かつ適切な反応を行う必要がある。実習中、クライエントの感情や状況に同調してしまい、冷静に判断することができなくなってしまうことがある。しかし、専門職として必要になるのは、クライエントの支援に向けた、冷静で意図的な感情的関与である。そのためには自己理解を深め、自分をコントロールする力を身につける必要がある。

```
●自分の実践を振り返ってみよう
・過度に感情移入していないか
・自分の感情をしっかり自覚できているか
・ニーズに沿った情緒的関与を意識できているか
```

原則④ 受け止める：受容

　特定の行動に対して善し悪しの反応を返すのではなく、今現在その人がそのようにあるという現実を、自分の価値判断を通さずに受容することが求められる。これは、たとえば、暴

言が多いクライエントに対し、「それでいいんですよ」と無条件に肯定することとは異なる。実習では、クライエント等に関する事前の情報から先入観をもってしまうことも少なくない。そうした先入観に引きずられず、クライエントの言動をありのままに受け止め、その言動の理由や背景を吟味できるよう相手に関心を向けよう。

●自分の実践を振り返ってみよう
・自分の価値観で相手を判断していないか
・相手に関心をもって関わっているか
・安易な肯定に終始していないか

原則⑤　クライエントを一方的に非難しない：非審判的態度

クライエントの抱えている問題やニーズについて、クライエントにどの程度責任があるかを一方的に判断しないという態度を貫かねばならない。たとえば、親の介護の負担を訴えるクライエントに対して、「家族なのに負担と言うのはおかしい」などと正否を判断し、その気持ちを表情や言葉に出したりすることなどは避けなければならない。実習でもさまざまなクライエントと関わることになるが、それぞれのクライエントに異なる価値基準、異なる状況があることを理解し、多面的に捉えよう。また、自分自身の価値観にとらわれないようにスーパービジョン等を通して自己理解を深めよう。

●自分の実践を振り返ってみよう
・複数の視点から物事を考えるようにしているか
・常識や偏見にとらわれてはいないか
・自分の考え方や意見について実習指導者や教員にコメントを求めているか

原則⑥　クライエントの自己決定を促して尊重する：クライエントの自己決定

クライエントが自身の問題を明確化できるように支援したり、社会資源を選択できるよう情報を提供したりするなど、クライエントが自身の能力を発揮できる関わりが求められる。実習中に出会うクライエントのなかには、苦しい状況や問題に晒され、冷静に判断できない状態にある人も少なくない。そうした状態でも頭ごなしにクライエントの判断を否定したりコントロールしようとしたりしてはいけない。クライエントの話を焦点化（後述）したり、繰り返したりすることで、クライエント自身が自分のニーズを理解し、判断できるように関わっていく姿勢をもとう。

●自分の実践を振り返ってみよう
・クライエントの意向をしっかり確認しているか
・実習生の独りよがりになっていないか

原則⑦　秘密を保持して信頼感を醸成する：秘密保持

クライエントが安心して話せるようソーシャルワーカーは秘密を守れなければならない。秘密が守られる体験を通じて、クライエントのソーシャルワーカーに対する信頼感は醸成される。実習中は、クライエントや家族等に関するさまざまな個人情報に触れることになるた

め、実習前の学習で学んだことを忘れずに、守秘義務の遵守・個人情報保護を徹底してほしい。本章第2節で個人情報保護について示しているのでそちらも参考にしてほしい。

●自分の実践を振り返ってみよう
・個人情報を持ち歩いていないか
・実習外で実習内容や関係者の話をしていないか

4)＜発展編＞援助関係形成に発展的コミュニケーションスキルを活用する

　援助関係の形成に用いられるコミュニケーションスキルには、基礎編で紹介したもののほかに以下のようなものもある。不適切に多用すれば専門的援助関係の形成を阻害する面もあり、実習生としては使いどころを悩みやすいスキルになる。クライエントとの面談に同席した際などに、実習指導者や職員がどのように使用しているかよく観察しよう。

①明確化

　クライエントからの相談は、必ずしもその主旨や目的がはっきりとしているわけではなく、「なんとなく不安で話している」ことも少なくない。輪郭のはっきりとしない相談内容に対して、話の大筋やモヤモヤした心情を明確にしたり課題を焦点化したりすることで方向性を示すこともソーシャルワークの重要なスキルである。たとえば、クライエントが話のなかでしきりに家族の生活や病気のことを話題にする場合、「ご家族のことを心配なさっているのですね」などと伝えることで、クライエントが自分のなかではっきりと整理できていない事柄を明確化する手助けができる。ただし、多用するとかえってクライエントが話しづらくなるため、注意が必要である。

②焦点化

　クライエントが相談内容を整理して順序よく伝えられるとは限らない。相談するなかで、「何から話していいかわからない」「あれもこれも言わなければ」といった気持ちから次から次へと話題が変わり、結果的に話が散漫になってしまうことがある。そのようなときには、お互いが内容をきちんと把握できるように「つまり、○○さんがおっしゃりたいのは□□ということでよろしいですか？」とタイミングを見計らって焦点化することで、クライエントはソーシャルワーカーに話の内容が伝わっていることを確認し、安心することができる。ただし、多用するとソーシャルワーカーの傾聴や受容的態度を阻害するため、注意が必要である。

3 本節の内容と「4＋1の力」の関係

　本節では、コミュニケーションと関係形成を実習でどのように学ぶかについて、クライエント、家族等、実習指導者や職員など実習を通じて関わる人々を取り上げて示した。本節のまとめとして、それらと「4＋1の力」を関係づけて述べる。

1）伝える力

　ソーシャルワーカーは、クライエントをはじめとするさまざまな人と協働するにあたり、自分の考えを相手にわかりやすく伝える必要がある。人や地域が抱える課題のなかには複雑化・複合化したものもあり、それは多様な主体の協働なしには解決が難しい。属性や立場、価値観の異なる人々が協働する際に重要なのは、相互理解である。相互理解を深めるには、相手を理解するだけでなく、相手にも自分を理解してもらう必要がある。相手に理解してもらうには、自分の考えを相手に理解してもらえる形で伝えなければならない。言語・非言語的コミュニケーションの特性を踏まえ、どのようにすればより正確に伝わるかを相手や状況に応じて吟味し、適切なコミュニケーション方法を選択して実行する力が求められる。なお、本章第2節のまとめ(p.77)で述べたように、相手を理解する際にも伝える力は重要になる。

2）共感する力

　クライエントや地域の人々のウェルビーイングの向上を目指すうえで、一般論ではなく、そのクライエントやその地域に暮らす人々にとってのウェルビーイングを理解することが重要である。「十人十色」と言われるように、何を望み、何を困難と捉え、何に幸せを感じるのかは人それぞれである。人それぞれだからこそ、相手の価値観や事情を理解し、心情に共感するにはコミュニケーションが欠かせない。コミュニケーションの過程で発せられる言語・非言語的メッセージは、相手の価値観や事情を知り、心情を推し量るうえで大事な情報源となるが、意識していなければ見逃してしまう場合もある。また、共感を自身のなかにとどめず、言語・非言語的メッセージにより相手に伝え返すことで信頼関係の形成につながる。コミュニケーションの知識と技術は、他者に共感する際や共感を伝える際に不可欠である。

3）見据える力

　人や地域の抱える課題を正確に見定めるには、課題の生じた経緯と現状を詳しく理解する

第3節　コミュニケーションと関係形成　**89**

必要がある。そのためには、関係する人々とのコミュニケーションを通じて、起きている事象の客観的事実に関する情報と、事象を人々がどう捉えているかという主観的認識に関する情報を多面的に収集しなければならない。相手がこちらの意図に沿った情報を話してくれるか、あるいは他人には話しづらいような機微な情報を提供してくれるかは、コミュニケーションの適切さと育まれてきた関係の質によるところが大きい。アンケート調査を集計した行政資料などの公開情報は活用すべきだが、それらからは見えてこない人の心情、暮らしの実態、地域の実情などもある。個別支援におけるクライエントのニーズの把握はもとより、地域支援における地域課題の把握においてもコミュニケーションは重要な手段となる。

4)関わる力

クライエントのニーズを充足するには、クライエントや家族をはじめ、クライエントの所属するコミュニティの人々、近隣の地域住民、支援チームを構成する他の専門職など多様な主体との協働が必須である。協働を進める過程でソーシャルワーカーは、クライエントのニーズの充足に向けてこれらの人々にさまざまな形で働きかけ、動機づけをしたり、協力を得たり、行動変容を図ったりなどするが、その最たる手段がコミュニケーションである。多様な相手に働きかけるにあたっては、コミュニケーション方法のバリエーションと使い分けが求められる。本節では「相手に」という表現が度々登場するが、協働の成否は相手に合わせたコミュニケーションができるか否かに大きく左右される。これは、一層多様な人々と関わるであろう地域課題の解決を図る取り組みでは、さらに求められる。

5)地域社会に貢献する力

ソーシャルワーカーが地域社会に貢献するということは、地域社会のなかで暮らす「人」に貢献することであり、それは人とのコミュニケーションや関係を土台になされる。たとえば、地域課題の解決に関わる人は福祉や保健・医療の専門職だけとは限らず、人によって重視・優先する事柄が違うため、課題認識や目標の共有は放っておいてもなされるものではない。そのため、意図的にコミュニケーションを重ね、少しずつ関係を築きながら、共通認識が形成されるよう関係者と関わる。その際、他の人々の考えに敬意を払い真摯に向き合う一方で、ソーシャルワーカーとしての見解を伝え、課題の認識や解決に向けた取り組みにソーシャルワーク専門職の視点が活かされるよう働きかけることも重要である。このとき、伝えたい事柄が意図した通り相手に伝わるかどうかは、コミュニケーションの適切さとコミュニケーションによって形成された関係の質に左右される。

第4節 実習施設の理解

　本節では、実習施設に関する理解を実習でどのように深めるかについて示す。多くの場合、ソーシャルワーカーは社会福祉施設などの組織の一員としてソーシャルワークを実践するため、所属する組織の機能や役割を踏まえて動く必要がある。実習生に置き換えると、自分が実習する実習施設の理解を深めながら実習に取り組むことが求められる。本節の内容と主に関係するガイドラインの達成目標は、以下の6つである。

●本節に関係するソーシャルワーク実習教育内容・実習評価ガイドラインにおける達成目標
（8）実習施設・機関等の各職種の機能と役割を説明することができる
（9）実習施設・機関等と関係する社会資源の機能と役割を説明することができる
（12）地域社会における実習施設・機関等の役割を説明することができる
（15）実習施設・機関等の経営理念や戦略を分析に基づいて説明することができる
（16）実習施設・機関等の法的根拠、財政、運営方法等を説明することができる
（18）実習施設・機関等の規則等について説明することができる

1 実習施設・職種の機能と役割

1）実習施設の職種

＜基礎編＞
　第2章第2節で実習施設の法的根拠と目的を学習し、実習施設の変遷なども理解した。ここでは、「人員、設備及び運営に関する基準」「設備及び運営に関する基準」に触れながら、実習施設と職種の機能や役割の学び方を確認していく。
　実習施設の人員配置基準に関して、たとえば特別養護老人ホームでは、「特別養護老人ホームの設備及び運営に関する基準」により入所者数に応じて必要な職種と人数が定められている。また、配置される職種には資格要件もある。実習生は、実習施設の人員配置基準等から、どのような職種（職員）が配置されているか、その配置基準や資格要件について理解する必要がある。実習施設の人員配置基準等を理解するために表3-6のように表を作成し、整理してみよう。

＜発展編＞

人員配置基準には、「支障がない場合」等に限り、例外的に事業所の管理者等が兼務できる旨が規定されている。複数の施設・機関を運営する法人で実習する実習生は、同じ法人内の施設・機関が管理運営上どのように連動しているかを学んでほしい。表3-6のように整理した後、職種（職員）の常勤・専従要件、常勤換算方法についても調べてまとめてみよう。

表3-6　実習施設の人員配置基準等の理解

根拠法	人員配置基準	職種（職員）	職員の配置基準	資格要件
老人福祉法	特別養護老人ホームの設備及び運営に関する基準	一　施設長	―	社会福祉法第19条第1項各号のいずれかに該当する者、若しくは社会福祉事業に2年以上従事した者又はこれらと同等以上の能力を有すると認められる者
		二　医師	入所者に対し健康管理及び療養上の指導を行うために必要な数	―
		三　生活相談員	入所者の数が100又はその端数を増すごとに1以上	社会福祉法第19条第1項各号のいずれかに該当する者又はこれと同等以上の能力を有すると認められる者

資料：「特別養護老人ホームの設備及び運営に関する基準（平成11年厚生省令第46号）」をもとに作成

2)チームにおけるソーシャルワーカーの役割と機能

＜基礎編＞

ソーシャルワーク実践では、多職種連携が欠かせない。職種間で連携を図ることにより、クライエントに対する支援の質を向上させることができる。また、支援を効率化し、支援者の働き方の改善につながることも考えられる。実習生は、多職種連携を理解するために、さまざまな職種の専門性や所属している施設・機関の役割についてよく理解しておくことが重要である。そのために、まずは実習施設の組織がどのようになっているか確認しよう。実習施設に組織図がある場合は提供をお願いし、ない場合は実習指導者や職員への聞き取りを通じて実習生自身で組織図を作成してみよう。

＜発展編＞

実習施設によっては法人内に複数の施設・機関があり、実習中に他施設・機関で活動や見学を行う機会を得られる場合がある。可能であれば、法人全体の組織図を入手して、実習施設にとどまらず法人全体の組織構造を把握しよう。法人内の施設・機関同士でどのように連携しているのかを実習指導者に質問するのもよい。また、法人外の他施設・機関や他職種とソーシャルワーカーがどのようなやり取りをしているか実習指導者や職員の日々の業務を観察しながら、ねらいや注意点などについて随時質問しよう。さらに、連携をするうえでの工

夫についても実習指導者や職員に聞き取りをしよう。

3）実習施設の意思決定機関

＜基礎編＞

　ここでは、社会福祉法人を例に実習施設の意思決定に関する学び方を述べる。実習を行う法人種別によって根拠法や組織構造などに違いはあるが、学び方の基本は同じである。

　社会福祉法人の経営組織は業務執行の決定機関である理事会、法人運営に係る重要事項の議決機関である評議員会、理事の職務執行の監査を行う監事（一定規模以上の法人が必置となる会計監査人）で運営されている（図3-5）。実習施設の意思を決定する組織体の機能について定款を確認し、評議員会、理事会、監事の構成メンバーやそれぞれの定数について整理してみよう。実習施設の意思決定機関について、実習施設のパンフレット、事業報告書、ホームページ等で調べたうえで、施設長や実習指導者に質問してより詳しく理解するようにしよう。

＜発展編＞

　社会福祉法人は、扱う事柄に応じたいくつかの意思決定機関をもっており、その1つに「理事会」がある。社会福祉法人の理事会は、社会福祉法第45条の13第2項に規定する「社会福祉法人の業務執行の決定」「理事の職務の執行の監督」「理事長の選定及び解職」の職務を行う。実習施設の理事会の議事録を閲覧し、会議が年に何回開催され、どのような議題が審議されているのか確認しよう。議事録が閲覧できない場合は、「現況報告書」に理事会の開催状況が記載されている。加えて、理事会の具体的な職務内容について、施設長や実習指導者に聞き取りをしよう。許可を得られれば、理事会に同席させてもらうのも貴重な学びになる。

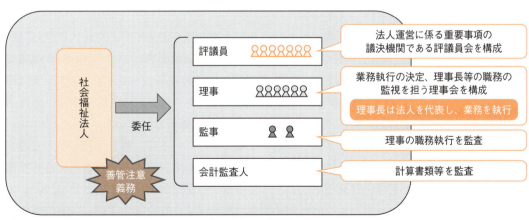

図3-5　理事、監事、会計監査人、評議員と法人との関係
出典：厚生労働省HP「社会福祉法人の経営組織」
　　　https://www.mhlw.go.jp/seisakunitsuite/bunya/hukushi_kaigo/seikatsuhogo/shakai-fukushi-houjin-seido/02.html

4) 実習施設の各種委員会の役割等

<基礎編>

　実習施設には、事業運営上で重要なことを主導するさまざまな委員会を設け、施設内等での事故防止や感染症予防、虐待防止等を図っている。具体的には、虐待防止委員会、感染症および食中毒の予防およびまん延の防止のための対策を検討する委員会、身体的拘束の適正化検討委員会、事故防止・ヒヤリハット委員会などの名称で設置されている。

　委員会のメンバーは、基本的には、実習施設内の職員で構成されるが、外部から医療関係者、法律の専門家、安全衛生の専門家等が委員会メンバーとして参加する場合もある。また、複数の施設・機関をまたいで法人全体で委員会を設置している場合もある。実習施設および法人の委員会の数と種類を整理してみよう。また、各委員会の構成員や活動内容についても整理してみよう。

<発展編>

　実習施設では、支援の過程で生じる事故に対して、事故報告書などの書式を用いて状況を正確に記録してその要因を突き止め、再発防止に努めるとともにマニュアル等の改善に役立てている。そのために、事故防止・ヒヤリハット委員会などの名称で事故に関する事案を取り扱う委員会が設置されている。実習施設の事故予防・対応マニュアルを閲覧し、実際の事故防止・ヒヤリハット委員会等で発生した事例が、その後どのように再発防止やマニュアルの改善に活かされているのか確認してみよう。可能であれば、委員会への同席を依頼してみよう。

5) 実習施設等の規則等

<基礎編>

　実習施設では、組織を円滑に運営するために必要な規則等を定めている。法人運営(定款、評議員会運営規程等)、役員等関係(役員および評議員の報酬規程等)、人事労務関係(就業規則、給与規程等)、管理関係(事務局規程、経理規程、文書管理等)、コンプライアンス関係(個人情報管理規程、苦情処理規程等)、施設運営関係(クライエント権利擁護規程、虐待防止対応規程、身体拘束対応規程等)などの規則等が体系的に整備されている。

　実習施設には以上のようにさまざまな規則等が整備されているが、職員(労働者)が安心して働ける職場をつくることは、事業規模や業種、種別を問わず、すべての事業所にとって重要なことである。たとえば、就業規則には、服務規律、労働時間、休憩および休日関係、休暇等、賃金関係、定年、退職および解雇関係や退職手当関係、安全衛生関係、災害補償などが明記されており、職員(労働者)が遵守しなければならない事項や基準等が記載されている。あらかじめ労働条件や待遇の基準をはっきりと定め、労使間でトラブルが生じないよう

にするためである。実習施設の組織運営のための規則等の種類と内容を整理してみよう。

<発展編>

　実習施設の多くは、事務分掌や職務権限を規定する規則等も定めている。事務分掌は、組織内での職務の権限と責任を明確にするための規程である。具体的には、法人内の役職や部署ごとにどの業務を担当するか、誰がどの職務を遂行するかを定めている。これらの定めは、職務権限規程、事務規程、経理規程等にその権限等が記載されている。実習施設の事務分掌や職務権限に関する規則等を閲覧させてもらおう。そのうえで、稟議（りんぎ）の手順等について整理してみよう。さらに、文書の保管や廃棄、記録の開示等を規定する規則等も定められている。実習施設の文書の種類、文書の保存期間、廃棄手順などについて整理してみよう。

6）実習施設の事業報告書および決算書

<基礎編>

　事業報告書と決算書について、たとえば社会福祉法人では、社会福祉法第59条の2で財政状況、役員構成、法人全体の事業等の情報公開を求められている。法人種別による違いはあるが、閲覧可能であれば、自分の実習施設を運営する法人の事業報告書や決算書を確認しよう。

　実習施設の運営法人が社会福祉法人であれば、WAMNET（独立行政法人福祉医療機構）の「社会福祉法人の財務諸表等電子開示システム」から実習施設の法人の「現況報告書」、実習施設の計算書類等を検索し、該当の資料をダウンロードして内容を確認してみよう。他の法人形態の場合は、まず公開の有無を自分で十分に調べたうえで、発見できなければ施設長や実習指導者に聞き取りをしよう。

<発展編>

　実習施設の運営法人が社会福祉法人であれば、WAMNETの「社会福祉法人の財務諸表等電子開示システム」からダウンロードした実習施設の計算書類を表3-7の4つの指標で計算し、他の施設・機関や同種の施設・機関の平均と比較してみよう。他の法人形態の場合も、同種のデータをホームページ等の公開資料から収集する、教えてもらえるなら施設長や実習指導者から聞き取るなどすれば類似の分析ができる。

表3-7　施設・機関の経営指標の例

	指標例	算式	説明
機能性	利用率	年間延べクライエント数÷年間延べ定員数	事業の定員数に対して、どの程度のサービス利用が行われたかを示す指標である。 本指標の値が高いほど施設が有効に活用されていることとなり、収益増加に寄与することになる。
費用の適正性	人件費率	人件費÷サービス活動収益	サービス活動収益に対する人件費の占める割合を示す指標である。 本指標の値が低いほど収益に対する費用の負担は軽くなる。ただし、良質なサービスを提供するうえでは適切な値にとどめることも重要である。
生産性	従事者1人当たりサービス活動収益	サービス活動収益÷年間平均従事者数※ ※「年間平均従事者数」は、会計期間中の10月1日時点の従事者数を基準とする。	従事者1人当たり、どの程度のサービス活動収益を得ているかによって効率を判断する指標である。 本指標の値が大きいほど従事者の収益獲得力が高いことから収益増加あるいは費用削減に寄与することになる。
収益性	経常収益対経常増減差額比率	経常増減差額÷経常収益	本業であるサービス活動収益に受取利息等を加えた、施設に通常発生している収益から得られた増減差額を示す指標である。 本指標の値が高いほど収益性が高い事業といえる。

資料：独立行政法人福祉医療機構「2022年度（令和4年度）障害福祉サービス《居住系サービス》の経営状況　経営指標一覧（障害福祉サービス≪居住系サービス≫）」を一部改変
https://www.wam.go.jp/hp/wp-content/uploads/2022_shougai_kyojuu_shihyouD.pdf

2 実習施設の経営とサービスの運営管理

＜基礎編＞

　1990年代以降の社会福祉基礎構造改革等により、実習施設を取り巻く事業環境は大きく変化した。このような外部環境の変化に適応した経営を進めていくためには、経営理念に基づいた経営戦略や中長期の事業計画を具体的に示し、経営理念を組織全体に浸透させられるかが鍵となる。

　実習施設の理念を調べてみよう。社会福祉法人の場合、法人の定款がWAMNETからダウンロードできる。定款には理念に基づいた目的条文が掲載されている。法人の理念と目的条文を確認してみよう。さらに、実習施設の理念がどのような経緯で策定されたのか、どのように経営戦略を策定したのかなどを、理事長、施設長、実習指導者等から聞き取るようにしよう。

＜発展編＞

　経営戦略策定に用いられる手法の1つにSWOT分析がある。SWOT分析では、内部環境の強み（Strength）と弱み（Weakness）、外部環境の機会（Opportunity）、脅威（Threat）の4要素に基づいて組織や事業の現状を把握する。内部環境とは、商品・サービスの品質・価格、顧客データ、認知度・ブランド力、予算、社員数、立地、技術力など自組織が保有している

表3-8　SWOT分析による課題の明確化

	プラス要因	マイナス要因
外部環境	機会（Opportunity）	脅威（Threat）
内部環境	強み（Strength）	弱み（Weakness）

表3-9　クロスSWOT分析

	機会（Opportunity）	脅威（Threat）
強み（Strength）	強み×機会 自組織の強みで取り組める事業機会は何か	強み×脅威 他組織にとって脅威であっても自組織の強みにより事業機会にできないか
弱み（Weakness）	弱み×機会 自組織の弱みで事業機会を取りこぼさないためには何が必要か検討する	弱み×脅威 脅威と自組織の弱みの重複がないか検討する

資源である。外部環境とは、市場規模、市場の成長性、競合他社、社会経済・政治情勢、法律など、自組織ではコントロールできない要素である。

　SWOT分析の進め方は、「①外部環境の機会と脅威を分析する」→「②内部環境の強みと弱みを分析する」→「③クロス分析で具体的かつ実行可能な戦略を立案する」となる。実習施設について、SWOT分析を用いて組織や事業の現状を把握してみよう（表3-8、表3-9）。4つの要素を洗い出した後に実行可能な戦略立案を行うことで、効果的な経営戦略の展開につなげられる。

3　実習施設・クライエントと関わる社会資源

1）実習施設と関係する社会資源

＜基礎編＞

　ソーシャルワーク実践では、クライエントのニーズの充足や地域課題の解決のためにフォーマル・インフォーマルな社会資源を活用する。社会資源は、福祉サービスを提供する施設・機関だけでなく、保健、医療、子育て、教育、経済、衣食住など幅広い領域が関係する。

　実習施設のある地域のフォーマル、インフォーマルな社会資源を調べてマッピングしてみよう。行政資料、インターネットなどで公開されている情報のほか、実習中に出会った人々からの聞き取りで得た情報も活用しよう。世間一般に公開されていないが、地域の人にはよく知られたボランティア活動などが存在する地域もある。

第4節　実習施設の理解

<発展編>

　実習中は、実習指導者に社会資源の活用方法を尋ね、クライエントのニーズの充足のために、なぜその社会資源を活用するのか、その社会資源を活用したことでクライエントのニーズがどのように変化したのか等について聞き取りをしてみよう。実習施設のある地域で社会福祉実践に長年携わっている職員等に出会えたら、その地域の社会資源に関する過去の状況と現状の違いを聞いてみるのもよい。地域の社会資源の変遷は、現在の社会資源を詳しく理解する材料になるはずである。

2）実習施設の事例検討会・ケースカンファレンス等

<基礎編>

　事例検討会やケースカンファレンス等に同席する機会を得られたら、多職種・多機関の参集目的や各出席者の役割について理解しよう。実習施設では、定期的にクライエントに関するケースカンファレンスが開催され、支援計画の確認や見直しが行われている。ケースカンファレンスに同席する際は、会議の目的、参加者、各専門職の役割などについて必ず事前に調べよう。調べた情報をもとに、会議がどのように進められ、会議内で各参加者がどのように振る舞うかを観察することで、職種の役割の理解は深まる。たとえば、児童養護施設では、児童指導員、保育士、看護師、家庭支援専門相談員、心理療法担当職員、管理栄養士・栄養士、調理員、事務職員、施設長などが支援計画に基づいて連携しながらクライエントの養育を行っている。

<発展編>

　クライエントが抱えるニーズは複雑化・複合化している。そのため、実習施設内だけでなく、外部のさまざまな機関を交えたケースカンファレンスも必要になる。たとえば、子ども家庭支援では、児童相談所、児童福祉施設、児童委員、保健所・保健センター、病院・診療所、学校、教育委員会、警察、公共職業安定所など種々の分野の機関と連携を図る。クライエントのニーズに応じて実習施設がどの他機関とどのような形で連携しているのかについて、ケースカンファレンスへの同席、支援計画や支援記録の閲覧、職員の日々の業務の観察などから情報収集し、適宜職員への聞き取りも行って理解を深めよう。

地域における実習施設の役割

<基礎編>

　実習施設は、自施設を利用するクライエントだけでなく、地域を視野に入れた取り組みも行っている。たとえば、社会福祉法人は、地域における公益的な取り組みを行うことに努め

なければならないと社会福祉法第24条第2項で定められている。

　実習施設が地域を対象に取り組んでいる活動に参加する際、その活動が実習施設の理念や機能とどのように関係するのかを理解する必要がある。ただ単に活動に参加するのではなく、事前に実習施設の沿革、理念、機能を十分に調べて、これらと活動の内容を照らし合わせながら観察することで、地域における実習施設の役割が理解できる。観察でわからなかった部分は、その活動に参加している人や実習施設の職員等への聞き取りを行って補完しよう。文献や厚生労働省のホームページなどで紹介されている他地域の取り組みと比べながら整理すれば理解を深めやすい。

＜発展編＞

　実習施設が、その地域でクライエントや地域の課題解決に対してどのような役割を担っているかを理解するには、地域の社会資源の全体像を把握し、実習施設以外の社会資源の役割や社会資源間のネットワークを知る必要がある。たとえば、障害者福祉における取り組みでは、「自立支援協議会」などの名称で地域の多様な主体が集まり、地域課題を議論する場がある。参加できた際は、実習施設がそのなかでどのような役割を担っているかを観察し、他の社会資源の役割と比較しながら整理してほしい。過去の会議録などを閲覧できれば、それも参考にして理解を深めよう。実習施設の役割は近隣地域の社会資源の状況にも左右されるため、地域住民の生活圏域や行動範囲を踏まえて近隣地域も調べるとよい。

5　本節の内容と「4＋1の力」の関係

　本節では、実習施設の理解を実習でどのように深めるかについて、実習施設・職種の機能と役割、実習施設の経営・運営管理、実習施設やクライエントと関わる社会資源などの観点から示した。本節のまとめとして、それらと「4＋1の力」を関係づけて述べる。

1）伝える力

　ソーシャルワーカーには、組織内に伝える力と組織外に伝える力が求められる。ソーシャルワーカーの多くは社会福祉施設などの組織（本項では以下、施設）に属してソーシャルワークを実践するため、施設の運営管理は支援の成否に影響する。同じ施設の職員であっても自然に同じ考えをもつわけではないため、事業計画、支援計画、マニュアル等およびそれらの策定に伴う会議・委員会を活用するなどして、施設の方針や目標に関する認識を共有する必要がある。また、施設がその機能を発揮して役割を果たすには、自施設について外部に周知することも重要である。一般的に商品の購入を検討する際、商品自体だけでなく信頼できるメーカーか否かも判断材料になる。ソーシャルワーク実践においては、クライエントに信用

してもらう、あるいは他の社会資源に協働してもらうために、事業報告等を通じて自施設の
方針、機能、強みなどを外部に伝える。

2)共感する力

　自施設内または地域で協働のネットワークや仕組みを構築・機能させるには、協働相手への共感が鍵になる。自施設内でいえば、多職種が専門性に応じて割り振られた業務を担うが、時には互いの業務や役割に衝突も生じる。そのようなとき、自分の業務や役割を遂行する理由を主張するだけでは、いかに筋の通った話でも事態は好転させられない。相手側も自身の業務や役割を遂行する理由をもっているからである。そのため、事務分掌など自施設内の体制や他職種の専門性を理解し、相手の主張の背後にある心情に共感しながら、Win-Winの着地点を自施設の機能や役割に基づいて共に考える必要がある。他の社会資源と協働する場合も同様である。自施設の機能や役割ばかりを主張するのでなく、他の社会資源の機能や役割などを踏まえて相手の事情を理解し、共感を示しながら、クライエントや地域の人々のウェルビーイングを大目的に据えて協議し続けることが重要である。

3)見据える力

　人や地域の抱える課題解決に継続的かつ安定的に貢献するには、地域社会から求められる事業であるのはもちろんのこと、自施設の維持・発展にも有益な事業を展開しなければならない。そのためには、本節で紹介したSWOT分析にもあるように、自施設の強みと弱みを把握するとともに、地域社会の動向を見通す必要がある。自施設内の情報のみでは自施設の強みや弱みは見えづらく、ましてや地域社会の動向は見通せない。行政資料などの公開情報だけでなく、クライエントや社会資源との日ごろの関わりを活かして人々の「生の声」を集め、地域社会の現状と自施設に求められる役割を正確に理解し、それらを土台に将来を予測して事業を展開するのである。経営や運営管理に携わる際は、ソーシャルワーク専門職の視点で人や地域の抱える課題の今と先を見据え、課題解決と自施設の維持・発展を結び付けて事業に取り組むのがソーシャルワーカーの役割である。

4)関わる力

　複雑化・複合化したクライエントのニーズの充足や地域課題の解決には、自他の職種・施設の機能と役割を踏まえ、互いの強みを活かして弱みを補う協働が不可欠である。ソーシャルワーカーは、自施設内では、職員間ネットワークや協働の仕組みづくりのほか、立場によっては事務分掌の作成や職務権限の割り振りなどにも携わる。その際、自他の職種の機能

と役割の理解を土台に、各々の強みが最大限に発揮されるような関わりや運営管理を行う。これらは、自施設外とのやり取りでも同じである。地域における自施設の役割および他の社会資源の機能と役割の理解に基づいて、各々の強みが最大限に発揮されるよう関わるのである。一方で、協働のネットワークや仕組みづくりを進める過程で、他の職種や社会資源の理解が深まる面もある。他の職種や社会資源の機能と役割の基礎的な理解を土台に、実際に協働するなかでさらに理解を深めようとする姿勢も重要である。

5）地域社会に貢献する力

　ソーシャルワーカーにとって、自らの専門性を発揮して自施設の役割の一端を担うこと自体が地域社会への貢献になる。人や地域の抱える課題に取り組むソーシャルワークの性質上、誠実に職務を果たせば必然的にクライエントを含む地域の人々のウェルビーイングの向上につながる。ただし、それは自職種と自施設の役割に対する正しい認識があることが前提である。役割を誤認し、本来すべきことを怠ったり、すべきでないことを行ってしまえば、クライエントや地域に不利益が及ぶ。本節で「地域における実習施設の役割」という表現が登場するのは、同種の施設でもその地域の人々の暮らしぶりや他の社会資源の状況などによって求められる役割は異なるからである。地域の実情に即して自施設の役割を捉えて遂行できれば、より有意義な地域社会への貢献になる。なお、本節のテーマを踏まえて自施設の役割遂行に焦点を当てて述べたが、人や地域の抱える課題は多様で移り変わるため、自施設の機能や役割にとらわれない柔軟さも忘れてはならない。

第5節 個別支援の取り組み

　本節では、個別支援の取り組みを実習でどのように学ぶかについて示す。個別支援のプロセスに沿って、クライエントのアセスメント、個別支援計画の作成と実施、個別支援計画のモニタリングと評価の学び方を述べた後、個別支援における多職種連携およびチームアプローチについて取り上げる。本節は、次節「地域支援の取り組み」との関係がより強い。地域支援の取り組みに関する学びを交えて個別支援の取り組みに関する標準的な学びの流れを整理すると図3-6のようになる。

　実習では、個別支援を実践する力を獲得するためにクライエントと丁寧に関わり理解することが求められる。個別支援のプロセスでは、クライエントのニーズに合わせた関わりや支援方法を模索し、クライエント、家族等、関係者と共に支援やサービス内容を検討する。さらに、クライエントに関わる人や社会資源などのネットワークについても学びを深める。本節の内容と主に関係するガイドラインの達成目標は、次の5つである。

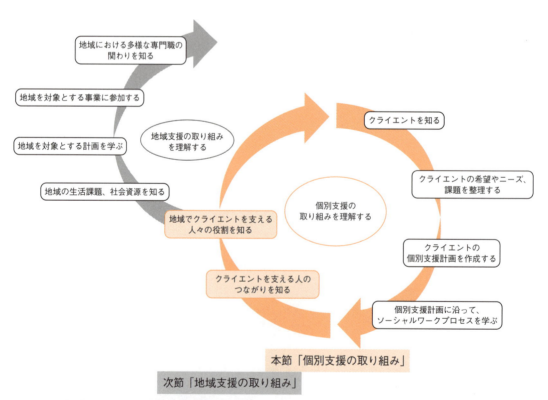

図3-6　個別支援と地域支援を学ぶ標準的な流れ①

●本節に関係するソーシャルワーク実習教育内容・実習評価ガイドラインの達成目標
　(3)クライエント、グループ、地域住民等のアセスメントを実施し、ニーズを明確にすることができる
　(5)各種計画の様式を使用して計画を作成・策定及び実施することができる
　(6)各種計画の実施をモニタリングおよび評価することができる
　(10)地域住民、関係者、関係機関等と連携・協働することができる
　(11)各種会議を企画・運営することができる

1 クライエントのアセスメント

　アセスメントとは、人や物事を客観的に評価・査定することを意味している。福祉の現場では、人とその人の生活環境(家族・地域、職場など)の間で生じているクライエントや家族、生活環境の課題を理解することである。実習では、クライエントとのコミュニケーションを通じてその人のことを知ることから始まる。そこから、クライエントや実習指導者の了解を得たうえで担当するクライエントを選び、個別支援計画に必要なアセスメントを行う。アセスメントシートを使用する場合もあるが、アセスメントシートを埋めることに必死となり、クライエントの話を十分に聞かなかったり、ニーズを把握できなくなることもあるので、まずはクライエントの話を丁寧に傾聴する姿勢を心がけよう。

　実習生は、アセスメントの重要性を理解し、ソーシャルワーカーとして求められる役割や専門職の姿勢を学ぶ。また、実習施設で出会うクライエントや実習指導者、職員とのコミュニケーションからアセスメントの基礎的なスキルを獲得しよう。

1)＜基礎編＞クライエントについて知る

　実習生が出会う人々のなかには、何かしらの「困った」「これからどうしたらよいのか」といった課題を抱えている人もいる。実習生は、クライエントの置かれている状況や今後どのような生活を望んでいるのか等を傾聴し、クライエントのニーズについて丁寧に知ろう。

2)＜基礎編＞クライエントを包括的に捉えるアセスメント

　アセスメントは、実習生がクライエントとの関係を築くうえでの第一歩である。クライエントを包括的に把握するために、バイオ・サイコ・ソーシャル(Engel, G.)の側面から情報を収集する必要がある。バイオとは生物的側面であり、クライエントの健康状態や身体能力、日常生活を送るための動作など、体のことを捉える視点である。サイコとは心理的側面であ

第5節　個別支援の取り組み　103

り、クライエントの精神状態や思い、生活の満足度、意欲、意思の強さ、嗜好などの視点である。ソーシャルとは社会的側面であり、家族や友人関係、住環境や就労状況、社会資源などが含まれ、クライエントの身の回り全体について捉える視点である。これにより、クライエントのスキルや強み、生活環境や課題の背景を理解していく。

　実習では、クライエントと環境の相互作用の視点からアセスメントを行い、得られた情報を整理する。そのプロセスで生活のしづらさに影響を与えている要因を分析し、課題を抽出していこう。

　包括的にアセスメントを把握するなかで、クライエントの言動のもつ意味や理由の「根拠」を探り、ニーズを理解する。クライエントのニーズについて、クライエントや関係者にわかりやすく伝えるスキルを獲得しよう。

3)＜発展編＞クライエントと周囲の関係性を可視化する

　クライエントと周囲の関係性を図式的に表す方法に、ジェノグラムやエコマップがある。ジェノグラムとは、クライエントの家族構成や人間関係を把握するためのツールである。エコマップとは、クライエントと家族や関係者、社会資源との間にある関係を把握するためのツールである。クライエントや家族を取り巻くさまざまな関係性や作用する力などを、線の種類や矢印などで表記することができる。クライエントがさまざまな人や関係機関との関わりのなかで、どのように生活しているのかを整理することができる。また、可視化することでクライエントや関係者に客観的に伝えることができ、共通認識をもつツールにもなるので、実習生は実習前の学習にて基本的な書き方や見方を習得しておこう。

4)＜発展編＞クライエントのニーズを明らかにする

　クライエントのニーズを理解するためには、クライエントの日常の観察、会話、面接などが重要である。また、クライエントの了解を得たうえで、家族や関係者からも話を聞き、多角的なアセスメントが必要となる。そのなかで、クライエントが伝える表面的な要求(デマンド)と、その背後に隠れたニーズを探ることが重要である。クライエントは、他人に迷惑をかけたくないという気持ちをもっていたり、これまでに誰にも相談できなかったり、傷ついた経験をしていたりする場合もある。実習生として、クライエントとの会話のなかで、少しずつ自己開示を交えながら、安心して話せるように努め、クライエントが伝える表面的な要求(デマンド)とその背後に隠れたニーズを探る姿勢を心がけよう。

2 個別支援計画の作成と実施

　個別支援計画の作成とは、クライエントの希望する生活を営むための具体的な支援方法や方向性を明確にするプロセスである。クライエントのスキルや強み、希望する生活や課題等をアセスメントし、生活の質を向上させるための課題や支援目標、達成時期、支援やサービスの提供時の留意事項などをまとめ、個別支援計画を作成する。

　実習生は、個別支援計画の作成を通して、ソーシャルワーク実践における、インテーク、アセスメント、プランニングを体験し、個別支援計画の必要性や作成プロセスを学ぼう。

1)＜基礎編＞個別支援計画の必要性

　個別支援計画は、クライエントが希望する生活を実現し、自立した日常生活を営むために作成される。そのために、クライエントのもつスキルや課題、希望する生活などをアセスメントし、クライエントのニーズに合わせた支援やサービスが必要かどうかを明確にする。そのアセスメントに基づき、クライエントが必要とする具体的な支援内容やサービスを検討し支援計画を作成することで、クライエントの希望する生活が実現可能となる。

　個別支援計画には、クライエントが達成したい目標やその達成時期が記述され、進捗をモニタリングし、必要に応じて計画の調整や変更が行われる。また、継続的な評価と改善を行いながら、クライエントの状況やニーズが変化した際には柔軟に対応していく必要がある。計画を立てて終わりではなく、継続的な評価と改善が実施され、その時々に応じて必要な支援やサポートが提供されることが必要であると意識しておこう。

2)＜基礎編＞個別支援計画の現状を把握し、支援やサービスを考える

　実習施設では、クライエントの個別支援計画がすでに作成されている場合が多い。実習生はその計画を参照させてもらい、クライエント一人ひとりの希望や達成したい目標を理解し、クライエントや関係者がどのような役割を果たして支援が展開されているのかを学ぼう。

　個別支援計画をより理解するためにも、事前に実習施設の地域に存在する社会資源を把握し、インフォーマルな資源についても学んでおく必要がある。また、既存の社会資源だけでは不十分な場合もあるため、実習生の柔軟な発想で新たな支援方法を考え、支援の可能性を広げる・広げられる視野をもつことを心がけよう。

第5節　個別支援の取り組み　**105**

3) ＜発展編＞個別支援計画作成の構成要素と作成プロセス

　個別支援計画を作成する際に、クライエントおよび家族等の意向や希望、ニーズ、長期目標と短期目標の設定、支援内容の項目から個別支援計画を作成していく。

①クライエントおよび家族等の希望

　個別支援計画の作成において重要なのは、「計画書の中心はクライエント」だということである。そのため、クライエントの意向や希望、ニーズが最も重要である。しかし、一方で家族や周りの人の意向にも着目する必要がある。両者の言葉を傾聴し、互いの言葉にはさまざまな意味や感情が込められていることを理解しておく必要がある。実習生は、クライエントと家族の関係性にも着目しながら、クライエント自身の人生の自己決定を尊重し、個別支援計画の主体性を意識することを心がけよう。また、それぞれの想いや希望する理由、背景などについても十分なアセスメントを行い、個別支援計画に反映させていこう。

②ニーズ

　個別支援計画の作成では、クライエントの意向や希望を反映させながらニーズを記述していく。クライエントが思う課題と実習生が客観的に捉えた課題は異なる場合もある。クライエントが思う課題を受け止めつつ、両者をすり合わせてニーズに近づけていこう。

　実習生は、クライエントの意向に対して、「何とかしてあげたい」という思いが先行することがあるかもしれない。しかし、クライエントのもつスキルや強みにも焦点を当て、その力を最大限に活かしながら課題に取り組む方法を一緒に検討していこう。

③長期目標と短期目標

　目標は具体的な成果を達成する基準であり、個別支援計画のゴール設定となる。長期目標は最終的に到達したいゴールであり、短期目標はその達成に向けた具体的なステップを示す。具体的な目標設定は、クライエントと関係者が共通の目標に向かって協力し、共通の理解をもつための指針となる。

　そのうえで、目標達成にとらわれすぎず、クライエントの状態や気持ちの変化をしっかりと把握し、長期目標や短期目標の設定が適切であるか、また、変更が必要な場合は、柔軟に対応するように心がけよう。

④支援内容

　目標の達成に向け、クライエントや家族の状態に合わせて、クライエントを中心として支援方法を検討していく。実習生は、クライエントと共に支援目標を設定し、個別支援計画を作成していく。そのなかで、なぜその目標を設定し、個別支援計画を立てたかについての理由を説明することが求められる。そのため、具体的な支援方法を検討する際には、誰が（Who）、何を（What）、いつ（When）、どこで（Where）、なぜ（Why）、どのように

(How)という「5W1H」を意識することが重要であり、そうすることで、具体的かつ実現可能な個別支援計画が作成される。

4)＜発展編＞個別支援計画の実施にあたって

　実習では、実習生が作成した個別支援計画の一部、または全部の支援を実際に行う。まずは、クライエントや家族、関係者に個別支援計画を提示し、了解を得るところから始まる。個別支援計画を実施するにあたり、支援目標に沿いながら関わるなかでクライエントの反応や変化に触れることは、実習生にとって貴重な学びとなる。しかし、目標達成ばかりにとらわれすぎることなく、クライエントの状態やニーズは常に変化することを心に留め、柔軟性をもってクライエントに関わることを心がけよう。

3 個別支援計画のモニタリングと評価

　実習では、作成した個別支援計画を実施し、それがクライエントの生活にどのような変化をもたらしたのかのモニタリングを行う。そこから、設定した目標をどの程度達成できたのか、クライエントはどのように変化したのかを評価する。その結果をクライエントや実習指導者等に報告するスキルを獲得しよう。
　実習生は、モニタリングや評価の必要性を学ぶ。クライエントの個別支援計画の実施状況を把握し、支援やサービスが適切に行われているか、どのようにモニタリングや評価が行われているのかを理解しよう。さらに、個別支援計画の実施状況をモニタリングしたうえで、支援やサービスの効果を評価し、必要に応じて個別支援計画の再調整を行う。それをクライエントや家族、関係者に伝えるスキルを獲得しよう。

1)＜基礎編＞モニタリングおよび評価の必要性

　モニタリングは、個別支援計画が実施されるなかで、その有効性や適切性を定期的に把握し、クライエントの状態、目標の進捗、個別支援計画の達成度およびその効果を確認することができる。
　評価はモニタリングで得られた情報を分析し、必要に応じて個別支援計画の修正や調整を行う重要なプロセスである。これにより、新たな課題が抽出された場合、支援内容や方法を見直すことでサービス内容が改善され、クライエントにとってよりよい支援やサービスが提供される。

2)＜基礎編＞モニタリングおよび評価方法の理解を深める

　実習施設では、個別支援計画に基づいた支援やサービスが適切に行われているかを確認するために、モニタリングや評価を実施している。個別支援計画は作成して終わりではなく、モニタリングや評価を通じて、クライエントが希望する生活に近づいているかどうかを把握する大切なプロセスである。実習生は、個別支援計画のモニタリングや評価記録を確認し、どのようなモニタリングが行われているか、またどのような評価が行われているのかを理解しよう。

3)＜発展編＞モニタリングおよび評価の実施

　実習ではモニタリングを実施し、クライエントからの感想・満足度の確認をしながら、支援目標に対してどの程度達成できているのか課題の進展を把握しよう。そこからクライエントと支援者がどのようなプロセスを経て目標達成できたのか、難しかった点は何だったのか、今後どのように支援が実施されると目標達成できるのかについて一緒に考察を深めよう。

　評価を実施し、モニタリングの状況から必要に応じて個別支援計画の修正や調整を行う。また、家族や関係者の協力を得ながら、クライエントの状態や生活環境の変化を共有することで、多面的な視野での評価も意識しておこう。

4)＜発展編＞モニタリングおよび評価結果を伝える

　実習では、クライエントの達成した成果を認識するだけでなく、その達成に至るプロセスにも焦点を当てよう。成功した取り組みや克服した課題をクライエントや関係者に報告し、共有することで、クライエントの自己肯定感や自己効力感を高め、今後の目標や支援計画にも活かすことができる。

4 個別支援における多職種連携およびチームアプローチ

　多職種連携とは、医療や福祉の現場において、医師や看護師、ソーシャルワーカーなど、さまざまな職種がそれぞれの専門性を活かし、共有した目標に向けて連携しながら役割を発揮することである。

　チームアプローチとは、クライエントの希望する生活の実現やニーズに対して、多職種連携による複数の人や関係機関が協働して関わっていくプロセスを指している。

最近では、医療や福祉系の大学等の教育機関でも多職種連携教育の実施が増えており、学生の頃から養成課程の専門的知識やスキルだけでなく、多職種と連携するスキルを修得させることも1つの目的とされている。

クライエントを中心に家族や関係機関と連携・協働し、クライエントの希望する生活のための支援を行うために、多職種連携の必要性を学ぼう。また、カンファレンスやケア会議などに同席し、職種ごとの役割やアセスメントの視点の違いを学ぼう。さらに、多職種連携によるチームアプローチと実践方法を理解し、実習施設でのケア会議等に参加するとともに、会議を企画・準備、会議の進行を担当することができるスキルを獲得しよう。

1)＜基礎編＞多職種連携の必要性を理解する

クライエントの希望する生活を実現するためには、医療や福祉、制度等の垣根を越えて分野横断的に支援やサービスが必要な場合も多く存在する。複数の専門職が連携することで、各々の専門知識やスキルを活かし、クライエントにとって質の高い支援やサービスを提供することが可能となる。

2)＜基礎編＞各専門職の役割等について互いの理解を深める

多職種連携を行うにあたって、他職種の役割を理解する必要がある。実習では、各職種の専門性を十分に理解しながら、どのように関わり、声かけをしているのかを観察したり、ケア会議への参加を通じて職種ごとの異なる視点や見解を学び、理解を深めていこう。

また、クライエントにとって質の高い支援を提供するためには、職種の専門性を理解するだけでなく、互いの信頼と尊重も重要な要素となる。実習生は、現場の方々とのコミュニケーションを通じてクライエントと関わる際に大切にしていることや配慮していることを学び、各専門職の役割や相互に尊重していることを理解しよう。

3)＜発展編＞チームアプローチにおける信頼関係構築に必要なスキルを理解する

チームアプローチを実践する際に、各職種の意見や価値観の違いに直面することがある。実習生はその違いを否定的に捉えるのではなく、各職種の多角的な視点から学ぶ姿勢を身につけよう。クライエントのニーズを中心に据え、チームとしての協力や連携の重要性を理解しながら、効果的な支援やサービスを検討していく。そのためには、各職種間でのコミュニケーションや信頼関係の構築が不可欠である。各職種が使用する言葉を理解し、他職種にも理解しやすい言葉でのコミュニケーションに努めていこう。

第5節　個別支援の取り組み

4)＜発展編＞カンファレンスやケア会議の実施

　実習では、職員会議や事例検討会、カンファレンスに参加する機会がある。これらの場で学びを深めるために、会議の目的やメンバー構成を十分に理解することが不可欠である。会議の意義を把握できていないと、ただの参加だけに終わってしまう。

　また、実習生が会議を企画運営する場合もある。実習指導者に会議の進行や記録方法、流れを確認し、主体的に参加するための事前準備が求められる。自らの考えや意見を積極的に発言し議論に参加することで、より有意義な学びを得ることができる。

5　本節の内容と「4＋1の力」の関係

　本節では、個別支援の取り組みを実習でどのように学ぶかについて、アセスメント、個別支援計画の作成・実施・モニタリング・評価といった個別支援のプロセス、並びに多職種連携やチームアプローチを取り上げて示した。本節のまとめとして、それらと「4＋1の力」を関係づけて述べる。

1)伝える力

　伝える力は個別支援のプロセスのすべてで求められ、支援の成否に影響する。アセスメントでは、クライエントや関係者の話を聞く。それは言葉を「聞く」のみならず、相手の言語・非言語メッセージを受け止める「聴く」、こちらから働きかけて引き出す「訊く（尋ねる）」も含む過程である。クライエントや関係者が一方的に発信するわけではなく、傾聴の態度を示す、問いかける、促すなど、ソーシャルワーカーの伝える行為も伴った双方向のやり取りによって成立する。この点は、後に続く個別支援計画の作成・実施・モニタリング・評価にも通じる。個別支援計画の内容やモニタリング・評価の確認事項などをわかりやすく説明するとともに、相手のメッセージを聴いていることを随時伝え返しながら、疑問はないか、納得できたか、訴えはないか、困りごとはないかなどを適切に訊く必要がある。

2)共感する力

　クライエントのなかには、ソーシャルワーカーと属性や経験の面で全く共通点がなかったり、相反する価値観をもつ人もいるが、それらのクライエントに対しても共感の態度を示せなければソーシャルワーク実践はうまくいかない。「相手の立場に立つ」という表現がしばし

ば用いられる。これは専門職にとって必須である一方、人はどうやっても他人自身にはなれないという限界も含んでいる。しかし、その限界を念頭に置きつつ、「自分が相手の立場なら」を越えて「相手が相手の立場なら」と考えることが重要である。クライエントを知らずしてクライエントの立場には立てないため、本節で扱ったアセスメントは共感と連動する実践である。アセスメントでは、クライエントの言語・非言語メッセージを聞き（聴き、訊き）、多面的に情報収集を行う。得た情報をもとにクライエントの人柄と事情を読み解き、心情を想像して共感の一助にするのである。

3）見据える力

　クライエントのニーズを正確に見定めるには、地域社会を理解する必要がある。個別支援計画の作成・実施など個別支援のプロセスの多くはニーズが起点になるため、正確に見定めなければ支援は的外れなものとなってしまう。ニーズを見定めるにあたっては、クライエントを多面的に捉えることが重要であり、本節では「バイオ・サイコ・ソーシャルモデル」を紹介した。同モデルの構成要素からもわかるように、ニーズの発生や深刻化には、クライエント個人の要因だけでなく地域社会のあり様も影響する。そのため、福祉、保健、医療にとどまらず、文化、歴史、教育、経済など多分野に関心をもって見聞を広げ、地域社会を理解しなければならない。ソーシャルワーカーは、ソーシャルワーク専門職の視点に立脚しつつ、それら多分野の視点や知識も参照しながら、クライエントと地域社会の相互作用を踏まえてニーズを見定めるのである。

4）関わる力

　ソーシャルワーカーは、クライエントのニーズの充足のため、序章第2節で紹介したクライエント・システムなどの各システム（p.8）を構成する人々が効果的に協働できるように支援を展開する。本節で扱った個別支援計画は、ミクロからメゾレベルにおける各システムの人々の協働を推進する手段の1つである。ソーシャルワーカーは個別支援計画の作成・実施にあたり、まずニーズと各システムの関係をアセスメントして見極める。次に、ニーズの充足に向け、どのシステムの誰とどのような協働が必要かを考える。そして、相手の立場や特性に配慮しながら関わり、個別支援計画の作成・実施に参画してもらえるように働きかける。目標や方法を計画で明文化するのは、人の記憶や認識の曖昧さによる齟齬を防ぎ、関係者に目標を意識させて主体的に行動してもらうためである。個別支援計画の作成自体を目的化せず、協働を推進する手段として活用しながら人々と関わることが重要である。

5）地域社会に貢献する力

　あるクライエントの支援で構築された支援ネットワークは、別のクライエントの支援にも活かせるため、一人ひとりのクライエントの支援でフォーマル・インフォーマルな社会資源の協働を丁寧に進めることが地域社会への貢献になる。クライエントの暮らしや社会資源の実情は地域によって異なり、制度・施策が想定する標準的な支援ネットワークが適合・機能しない場合もある。また、ニーズが複雑化・複合化し、標準的な支援ネットワークでは対応できない場合もある。そのようなときに活きるのが、クライエントの支援を通じて紡がれた個々の専門職や社会資源がもつ固有のネットワークである。たとえば、「□□地区に住むボランティア活動に熱心な○○さん」は自治体のホームページには載っていないが、過去のクライエントをきっかけにできたつながりにより、現在のクライエントの支援でも協働できるかもしれない。このような広がりを意識しながら個別支援の取り組みを進めることで、地域社会への貢献にもなる。

第6節 地域支援の取り組み

　本節では、地域支援の取り組みを実習でどのように学ぶかについて示す。クライエントが暮らす地域に目を向け、クライエントのニーズに基づいて地域課題や社会資源を知り、地域を対象とする計画や事業を理解することで、地域支援の取り組みへの理解を深めるという流れになる。本節は、前節「個別支援の取り組み」との関係がより強い。個別支援の取り組みに関する学びを交えて地域支援の取り組みに関する標準的な学びの流れを整理すると、図3-7のようになる。

　実習はクライエントを知ることから始まる。クライエントの希望やニーズを整理し、作成された個別支援計画に沿ってソーシャルワークのプロセスを学ぶことで、個別支援の取り組みへの理解を深めてきた。また、クライエントへの個別支援の取り組みを知るなかで、クライエントを支える人の存在やその役割を知り、クライエントを支える人のつながりについても学んできた。

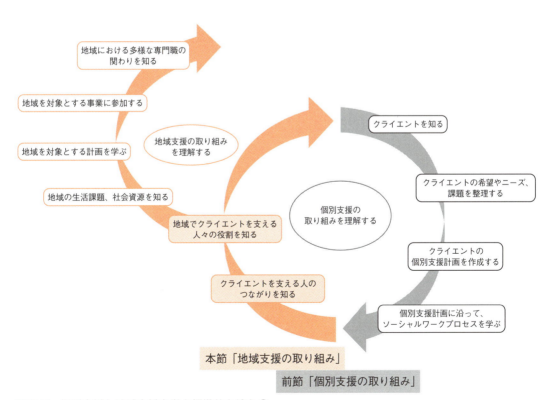

図3-7　個別支援と地域支援を学ぶ標準的な流れ②

本節の内容と主に関係するガイドラインの達成目標は、以下の7つである。

●本節に関係するソーシャルワーク実習教育内容・実習評価ガイドラインの達成目標

(3) クライエント、グループ、地域住民等のアセスメントを実施し、ニーズを明確にすることができる

(4) 地域アセスメントを実施し、地域の課題や問題解決に向けた目標を設定することができる

(5) 各種計画の様式を使用して計画を作成・策定及び実施することができる

(6) 各種計画の実施をモニタリングおよび評価することができる

(10) 地域住民、関係者、関係機関等と連携・協働することができる

(11) 各種会議を企画・運営することができる

(13) 地域住民や団体、施設、機関等に働きかける

(14) 地域における分野横断的・業種横断的な社会資源について説明し、問題解決への活用や新たな開発を検討することができる

---

1 ▶ 地域のアセスメント

＜基礎編＞

実習において地域支援の取り組みを学ぶプロセスも、個別支援の取り組みを学んできたプロセスと同様に知ることから始まる。

まず、地域においてクライエントを支える社会資源について考えてみよう。クライエントが暮らす地域において、クライエントが利用することのできる社会資源にはどのようなものがあるだろうか。

社会資源は、施設や機関などの「物的資源」だけでなく、訪問介護員や介護支援専門員などの専門職や友人、近隣住民などの「人的資源」、さらには各種事業や制度などの「制度的資源」のように内容によって分類することができる。内容ではなく、供給主体による分類として、「フォーマルな社会資源」や「インフォーマルな社会資源」と分類することもできる（表3-10）。

実習前の学習において、実習施設のホームページや自治体の統計資料などから、地域の情報を十分に調べ、イメージをもって実習に臨むように心がけよう。

表3-10　社会資源の分類の例

①内容による分類
制度的資源：介護保険制度、産前・産後休業制度、育児休業制度、出産一時金、育児休業給付金、児童手当など 物的資源：特別養護老人ホーム、病院、生活介護事業所、バリアフリー住宅など 人的資源：訪問介護員、介護支援専門員、友人・知人、近隣住民など

②供給主体による分類
フォーマルな社会資源：保育園、小学校、放課後児童クラブ、特別養護老人ホームなど インフォーマルな社会資源：ボランティア活動、子育てサロンなど

＜発展編＞

　実習プログラムによっては、実際に地域へ出向いて調べる「地域踏査」を行うことがあるかもしれない。実際に地域へ出向くプログラムがない場合は、実習施設周辺を歩くなどして、地域を見て周ってほしい。

　実習施設周辺を歩くなかで、事前に学習した地域の社会資源の存在を確認し、社会資源を実際に利用する場面を想像することができる。地域環境を確認するとともに、地図に落とし込むことで社会資源マップを作成することもできる。

　少し視点を変えて、その地域で生活をしているクライエントの目線になり、注意深く地域を見てみよう。たとえば、実習施設周辺の交通量や、道の幅や勾配といった歩きやすさなど、実際に目で見ることでわかることはたくさんある。その環境は、高齢者や障害者、児童の視点からどのように見えるのか、という意識をもって地域を見てみよう。

　プログラムで地区踏査を行う場合や、地域を歩いてみるだけではなく、クライエントへの支援に同行することで地域に出向くこともある。市役所での手続きに同行することや、金融機関での出金に同行することもあるかもしれない。その際には、距離や公共交通機関の有無などの利便性について気づきがあるかもしれない。

　また、実際に地域へ出向くことで、実習前の学習で学んだこと以上に、クライエントの生活に密着している社会資源に出会うことができるかもしれない。偶然の出会いを含め、実際に地域を五感で捉えることで、人口や高齢化率など、事前に調べていた自治体情報や統計情報がより現実味のある情報となり、地域への理解が一層深まるだろう。

２　地域を対象とする計画の作成

＜基礎編＞

　実習では、さまざまなクライエントと出会うことになる。たくさんのクライエントの話が聞けるように積極的にコミュニケーションをとろう。

　たくさんのクライエントの話を聞くなかで、クライエントが抱えるさまざまなニーズに触れることがある。時には、クライエントと同様のニーズを抱えた人々にも出会うであろう。複数のクライエントが訴えるニーズは、そのクライエントのニーズでもあり、地域課題でもある。

　クライエントとの会話は、ただ会話をするだけでなく、共通したニーズは何なのかということを意識しながら話を聞くことが重要である。注意深く聞く話のなかから、地域課題を見つけることができるかもしれない。

　実習において地域課題を知る方法として、地域課題を話し合う場に参加することが考えられる。地域課題を話し合う場には、専門職が中心となって話し合う場と、地域住民が中心となって話し合う場がある。

　前者は、地域ケア会議や自立支援協議会、要保護児童対策地域協議会などがあり、個別の

相談支援の事例を通じて明らかになった地域の課題を共有し、地域の福祉基盤の整備や社会資源の開発、地域づくりを行うことを目的としている。

後者は、当事者組織が実施している集まりや、行政や社会福祉協議会が開催する住民懇談会などがあり、住民同士で地域の実情について意見交換するなかで、ソーシャルワーカーなどがニーズを掘り下げて明らかにしていく。住民の地域課題への問題意識は、話し合うことで高まっていく。人々がより身近な課題と感じることで、地域で起きている問題は他人事ではなく、私たちの課題として捉えられるようになっていく。ソーシャルワークでは「人々と共に」考えて働きかけることが大切である。その意味でも住民が話し合える場があることが、共に考えるためには重要であるといえる。

実習において、地域で課題を話し合う場に参加する機会がある場合、専門職や住民がどのようなことを課題として訴えているのか、共通している事項は何なのかを注意深く聞くようにしてみよう。

＜発展編＞

実習において、クライエントや専門職、地域の住民の話を聞くなかで地域課題を知ることができたら、なぜ地域においてその課題が生じているのかを考え、地域課題に対して何ができるのかを考えてみよう。

たとえば、「買い物に行くことが難しい」と話し合いのなかで訴える人が多くいた場合、話し合いの意見をしっかりと聞いて、「なぜ難しいのか」という要因を探ってみよう。

「買い物に行くことが難しい」というニーズにおいて、その背景にはさまざまな要因が考えられる。たとえば、移動に困難を抱える人が増加したからかもしれないし、公共交通機関が少ないからかもしれない、あるいはスーパーが撤退したからかもしれない。それとも、他の要因があるかもしれない。そして、その要因には高齢化や単身化などの社会的な背景も同時に存在する。

さまざまな要因を踏まえつつ、施設のもつ社会資源などの強みや地域との関係など、事前に調べた学習内容を振り返りながら、地域課題に対して何ができるのかを考えてみよう。

3 地域を対象とする計画のモニタリングと評価

＜基礎編＞

実習地域における課題を把握したら、その地域の行政計画である地域福祉計画や、多くの社会福祉協議会が策定している地域福祉活動計画を見てみよう。これらの計画にはそれぞれの市町村の状況や、調査等から把握された地域課題が記載されているはずである。把握した地域課題が各種の計画にどのように記載されているかを調べてみよう。

実習のなかで把握した地域課題だけでなく、計画に記載されている住民へのアンケート調査の結果やヒアリング調査の結果を見ることで、たくさんの課題が地域にあることもわかる。

たとえば、A町の地域福祉計画では、移動手段が課題の1つとして挙げられている。そこには、その背景に、買い物に困っている人の存在や、免許返納後の移動手段がないことが書かれている。

　同時に、「気軽に目的地に行けるまち」「人々との交流があるまち」など、「このようなまちにしたい」という展望が描かれており、その展望を実現するための住民や地域の役割として「ニーズ調査」や「運転手の確保」をすることが示されている。また、行政や社会福祉協議会のすべきこととして「車両の手配、調整」や「活動時の補償対応」と示されている。住民総意で計画を策定し、それぞれの役割が明確に示されていれば、その計画は円滑に実施されるだろう。

　計画のなかに、実習のなかで把握した地域のニーズが計画化されている場合は、その計画に基づき何らかの事業が展開されていることになる。事業化されているということは、課題の解決に向けた第一歩を踏み出しているともいえる。具体的な事業名や、どのような事業が実施されているのか、実習施設との関係などをしっかり調べよう。

＜発展編＞

　実習のなかでは、個別支援計画を作成する機会がある。個別支援計画を作成する際に、社会資源が地域に存在しないため適切な支援が展開できない場合もある。どのような社会資源があったら「よりよい支援」が展開できるのかを考えることも、ソーシャルワーク実践にとって重要な視点である。

　実習のなかで個別支援計画を立案し発表する機会がある場合、実習施設として実施していたら「よりよい支援」につながると思われる社会資源を提案し、実習指導者や職員のコメントを仰いでみよう。提案する際は、施設の事業計画や事業報告を事前にしっかりと閲覧し、地域に対して実習施設として何ができるのかという視点で考えをまとめて発表してみよう。

4　地域支援における多職種連携およびチームアプローチ

＜基礎編＞

　実習を通して、さまざまな専門職や職員、ボランティアなどが施設の中でクライエントと関わっている場面を見ることができる。また、実習施設だけではなく、他の施設・機関の専門職等が関わる場面もたくさん見ることができるであろう。

　そもそも、単一の専門職や施設・機関だけでクライエントへの支援を展開するには限界がある。さまざまな専門職や施設・機関等が関わることで、クライエントが必要としている多角的・多面的な支援が展開できる。

　しかし、多くの専門職や施設・機関が関わることは、ともすればそれぞれの専門職や施設・機関でバラバラな支援を展開することにもなりかねない。よって、多職種がチームとして連携し、共通の目標や計画のもとでクライエントに向き合うことが重要になる。

　クライエントのケース記録を閲覧する際も、さまざまな専門職や施設・機関がいかに連携

して目標を共有し、チームとしてその目標を達成しようとしているのかを意識してみよう。実習前の学習で学んだ多様な専門職の関わりがより鮮明に見えるようになり、クライエントを中心にした支援の輪が見えてくるだろう。

＜発展編＞

実習のなかで、地域ケア会議や自立支援協議会、要保護児童対策地域協議会などの圏域の会議・協議体に参加する機会に恵まれた場合、一人のクライエントの情報がどのように共有され、共通の目標や計画のもとに支援が展開されているのか、会議・協議体の様子を注意深く観察してほしい。一人のクライエントへの支援から、実習施設の内外で展開されている多職種連携やチームアプローチが見えてくる。

圏域の会議・協議体に参加する機会がない場合は、種別の異なる実習施設で実習をするという2つの経験から学んでみよう。それぞれの施設における異なる角度からのクライエントへの支援を理解するなかで、多職種連携やチームアプローチの重要性について理解をしていきたい。

多職種連携やチームアプローチを学ぶなかで、地域のなかでの実習施設の役割や地域が実習施設に期待することについてまとめ、実習期間中に実習指導者や職員へプレゼンテーションをするなど、地域という視点からの学びを深めてほしい。

5 本節の内容と「4＋1の力」の関係

本節では、地域支援の取り組みを実習でどのように学ぶかについて、地域のアセスメント、地域を対象とする計画の策定・モニタリング・評価、並びに地域支援における多職種連携やチームアプローチを取り上げて示した。本節のまとめとして、それらと「4＋1の力」を関係づけて述べる。

1）伝える力

地域支援では個別支援以上に多様な人と関わるため、伝える力の発揮の仕方にバリエーションが一層求められる。地域支援の主な実践の1つである地域課題の解決に向けた取り組みでは、地域課題に対する認識と目標の共有が鍵になる。しかし、地域には属性や立場、価値観などが異なるさまざまな人がいて、感じる困難や望む地域の姿も一様でない。そこで、本節で述べたように地域住民の話し合いが重要になる。ソーシャルワーカーは地域の集まり等に参加した際、自ら伝えるだけでなく、相互理解が深まるように地域住民の伝える行為をサポートする。ある地域住民が伝えたいことが、他の地域住民に正しく伝わるように各地域住民の属性や立場を考慮して補足したり、言い換えたり、確認したりするのである。時には

統計データなどの客観的な情報を提示し、立場の違う地域住民が共通認識をもって話し合えるようにする。

2)共感する力

　地域支援には、福祉にとどまらない地域のさまざまな人の強みを活かした協働が必要だが、属性や立場などの違いが大きいほど、共感の難しさと重要性は増す。たとえば、福祉職が「暮らし」、医療職が「いのち」を重視するといった類の衝突が時に起こる。両者とも「暮らし」と「いのち」の不可分性は理解しているが、両立する案が見出せず、優先事項を決めざるを得ない場合もある。このようにクライエントのウェルビーイングという目的では一致している専門職間でも違いが生じるのだから、地域の人々の間ではなおさらである。地域支援における協働では、属性や立場、さらには目的も異なる人の考えに共感を示せなければならない。そのためには、地域アセスメントを通じ、地域の特徴を踏まえて人々の思いや暮らしを理解する必要がある。そして、共感を土台に、その地域に適した協働の形を地域の人々と一緒に模索するのである。

3)見据える力

　地域の今だけでなく、中長期的な先を予測して地域支援を展開しなければ、思うような成果は得られない。地域の課題と強みは時間とともに徐々に変容するため、現状だけを考慮した取り組みでは、数年後のその地域には合わないものになるからである。災害のように一瞬で地域を変えてしまう事象もあるが、地域の「今」と「これまで」の正確な理解があれば、ある程度先の予測は可能である。本節の地域アセスメントで示したように、クライエントや地域の人々の声を聞き(聴き、訊き)、実際に訪れて自分の五感で地域を感じ、統計データとも照らし合わせて理解を深めるのである。「今」に加えて「これまで」にも着目するのは、現在までの経緯が予測に役立つからである。他の地域の専門職などとつながりをもち、近隣地域や類似の特徴をもつ他の地域の情報も参照して検討すれば、より確度の高い予測ができる。

4)関わる力

　地域支援を実践するにあたっては、地域住民の主体性を大事にしながら、課題や目標の共通認識に基づく協働を推進する関わりが重要になる。先述したように地域にはさまざまな人が暮らしており、地域課題に対する考え方や関心の程度は違い、交流の有無や程度も異なる。そのため、立場や分野を超えて地域課題等について話し合える場と、目指す地域の姿やそこに至る行程を共有する仕掛けが必要になる。具体例としては、本節でも扱った地域福祉

計画に関する一連のプロセスが挙げられる。地域福祉計画に限らず、地域課題の解決や地域の人々のウェルビーイングの向上に取り組む場合、できる限り早い段階から関係する人々の参画を得て進めることが重要である。ソーシャルワーカーは、日ごろから地域のさまざまな人とネットワークを構築しておき、取り組みを始める際は関係者を見極め、機を逃さず参画を促すのである。

5)地域社会に貢献する力

　個別支援と地域支援が連動したソーシャルワーク実践は、クライエントのウェルビーイングのみならず地域社会への貢献にもなる。ソーシャルワーカーは、クライエントとニーズの個別性を大切にしつつ、そのクライエントに特異な点と他のクライエントにも共通する点を見定めて支援にあたる。序章第2節の図2(p.8)でいえば、ミクロのシステムを主な介入対象にする場合も、メゾ・マクロのシステムを念頭に置き、適宜それらにも介入する。本節でも例として、個別支援から見えてきた地域の課題を各種の会議体等で共有し、社会資源の開発など地域支援に結び付ける実践を挙げた。一人ひとりのクライエントへの支援を通じて明らかになった地域課題を解決することで、そのクライエントが暮らしやすくなるだけでなく、他のクライエントや地域の人々にとっても暮らしやすい地域社会となり、地域共生社会が推進される。

参考文献・資料

○浅原千里・江原隆宣・小松尾京子・杉本浩章・高梨未紀・明星智美編『ソーシャルワークを学ぶ人のための相談援助実習』中央法規出版、2015年

○F. P. バイステック、尾崎新・福田俊子・原田和幸訳『ケースワークの原則──援助関係を形成する技法』誠信書房、2006年

○Engel, George L., 'Science', *The Need for a New Medical Model: A Challenge for Biomedicine*, 196(4286), pp.129-136, 1977.

○岩間伸之「地域を基盤としたソーシャルワークの基本的性格」岩間伸之・原田正樹『地域福祉援助をつかむ』有斐閣、2012年

○A. Kadushin & G. Kadushin, *The Social Work Interview*, Columbia University Press, 2013.

○日本社会福祉士会編『三訂 社会福祉士の倫理──倫理綱領実践ガイドブック』中央法規出版、2022年

○宮田裕司編著『社会福祉施設経営管理論2023』全国社会福祉協議会、2023年

○新村出編『広辞苑 第7版』岩波書店、2018年

○杉本敏夫監、家髙将明・堀清和編著『＜改訂版＞現代ソーシャルワーク論──社会福祉の理論と実践をつなぐ』晃洋書房、2020年

○全国社会福祉協議会『地域共生社会の実現に向けた地域福祉計画の策定・改定ガイドブック』2019年

第**4**章

実習後の学習

第**1**節	実習後の学習の目標と学び方
第**2**節	実習を通して獲得したソーシャルワークの学び
第**3**節	ソーシャルワーク実習で身につけた「4＋1の力」

第1節

実習後の学習の目標と学び方

1 実習後の学習の目標

　実習は「ソーシャルワーク実習指導」とともに、実習前の学習から実習中の学習、そして実習後の学習までの継続した学びが求められる。実習の配属が終わったらすべて終了というわけではなく、実習での学びをさらに深めるための実習後の学習に取り組む。

　実習後は、養成校のシラバスおよび実習指導ガイドラインの教育目標に沿って、実習の成果や課題を振り返ることが欠かせない。実習における達成目標はどの程度達成できたのか、できなかったのか、それはなぜかなど、実習の成果だけでなく、実習中の取り組み方や実習前の学習がどうであったのかという、3つの視点から実践を振り返り、自己覚知・自己理解を繰り返しながらソーシャルワーカーとしての成長につなげていく。

　実習後の学習では、実習全体を俯瞰して自身の実習を振り返り、実習での体験を理論と結び付けながらソーシャルワークの理解を深めていくこと。具体的には本章第2節で詳述するが、実習後に教員からスーパービジョンを受け、実習報告書を作成することを想定し、ここに実習の成果を振り返る際のポイントを挙げる(表4-1)。

　これらのポイントを振り返りながら、実習の成果を適切に評価し、今後の成長に活かすことが大切である。では、実習での体験をどのようにソーシャルワークの学習として自身の学びに変えていくのだろうか。

表4-1　実習の成果を振り返るポイント

① 実習中にどのような経験をしたか。具体的なケースや出来事を思い出し、それらが自分にどのような影響を与えたか。
② 実習を通じて身につけたスキルや知識、そしてそれがどのように成長や学びにつながったかを振り返り、自分が実習前と比べてどのように成長したか。
③ 実習中に遭遇した困難や挑戦は何か、どのような問題に直面し、それをどのように乗り越えたか。その過程で見つかった自分の強みや成長点とは何か。
④ クライエントや他の専門職、職員との関わりを振り返り、自分のコミュニケーションや関係構築のスキルを評価し、改善の余地があるか。
⑤ 実習中に遭遇した倫理的なジレンマや専門的な課題を振り返り、自分の行動や判断が倫理的・専門的な観点から適切だったか。
⑥ 実習を通じて得た学びや経験を将来のキャリアにどのように活かすかを考え、自分の強みや興味がどのようにソーシャルワーカーとしての道につながるか。

1)実習経験からソーシャルワークの理論に結び付ける

　実習を経験したからといって、それがそのまま学びになるわけではない。実習のなかで、うまくできたこと、できなかったこと、初めて経験したことなど、さまざまな経験を重ねる度に何かを感じ、考えたことがなければ学びにはつながらない。

　成功した経験は、「成功した理由」「さらに改善するために必要な行動」を、失敗した経験は、「失敗した理由」はもちろん、「成功するために必要な行動」を考える必要がある。行動や経験を振り返り、その意味や影響を理解しようとするプロセスをリフレクションという。自身の行動や経験について客観的に振り返り、何が起こったのか、どのような感情や反応があったのかを見つめ直すことで今後の行動や判断にどのように活かせるかを見出す。

　実習におけるリフレクションとは、実習で経験したことや自身の行動を客観的に振り返り、その意味や影響を理解しようとするプロセスである。客観的な事実だけでなく、自分の感情や思考、指導者やクライエントなど他者との関わりも含めて、なぜそのようなことが起こったのか、専門職として大切なことは何か、その経験から何を学ぶことができるのかを考えることを意味する。

　経験を深い学びにするためにコルブ（Kolb, D.）が提唱したのが「経験学習モデル」である。コルブは経験学習を次の4段階で示している（図4-1）。

●具体的な経験（Concrete Experience）
　その人自身の状況下で、具体的な経験をする。
●内省的な観察（Reflective Observation）
　自分自身の経験を多様な観点から振り返る。
●抽象的な概念化（Abstract Conceptualization）
　他の状況でも応用できるよう、一般化、概念化する。
●積極的な実践（Active Experimentation）
　新しい状況下で実際に試してみる。
　次の経験に活かす。

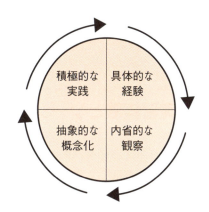

図4-1　経験学習サイクル
資料：Kolb, D.(1984)をもとに作成

　このモデルでは経験学習を継続的なプロセスとして考え、図4-1のような経験学習サイクルを描くことができる。例を挙げてみよう。

　実習生は、児童養護施設での実習において、新たに入所したBさんとコミュニケーションを図ろうとしたがうまくできなかった、という経験をした【具体的な経験】。

　実習生は、その日の終わりに「なぜうまくできなかったのか」を考え、スーパービジョンを受けて自身の関わりを振り返った。被虐待経験のあるBさんは新しい環境に適応することが

難しい状況であったが、実習生自身に余裕がなく、Bさんが初めて施設にやって来たときの緊張感や不安な気持ちを察することができていなかったことに気づいた【内省的な観察】。

そこで、Bさんが抱える心理的・社会的なニーズについて、これまで学習した心理学や社会学の理論を復習し、理解を深めた【抽象的な概念化】。

次の実習日、実習生はBさんが興味をもつ活動やコミュニケーションのスタイルに合わせてアプローチを試み、その結果、Bさんと少しずつコミュニケーションをとることができるようになった【積極的な実践】。

人は、こうしたプロセスを経ることで経験から学んでいる。ここでいう「経験」とは、自身が直接的に関わった「直接経験」と、他者を観察したり、アドバイスをもらったり、テキストを読んだりといった間接的な関わりによる「間接経験」に分かれる。実習では、自身が直接クライエントと関わった経験が実習後の学習に大きく影響することは間違いないが、実習施設の職員の実践を観察することや、実習指導者のスーパービジョンから学ぶことも重要である。実習生自身が直接経験できることは限られており、他者を通して学ぶことは、自身の経験を振り返り、今回の体験から何を学ぶべきかなどを考えるうえで重要な情報となり得る。

実習で経験したことは「具体的経験」として新しい学びのサイクルへとつながり、学習を深めることができる。その経験について考えたこと、行動したこと、その結果等について俯瞰して「省察」し、社会福祉士として実践する際に活かせるように「概念化」する。そして概念化したことをもとに実践し、次の学びのサイクルを回して学びを深めていく。

2)実習経験とソーシャルワークの理論を結び付ける

実習における経験は人それぞれであるが、経験から学び成長する力は自然に身につくものではない。経験から学べる人は、他者からアドバイスを受けたり意見交換をしたりすることから新たな知識やスキルを身につけていく。実習の文脈では、実習指導者や教員から受けるスーパービジョンが挙げられる。実習中の経験は自身でコントロールすることは難しく、どのような実習プログラムが用意されているのか、どのようなクライエントと出会えるのかなどは、偶然によるものといえるだろう。

先に紹介したコルブの理論では、学習は個々の経験に基づいて行われるとされ、経験の解釈は個人によって異なる。自身の経験は限られたものであるので、他の実習生と実習体験を共有したり、実習指導者や教員からスーパービジョンを受けることで新たな気づきが生まれたり、自身の体験の言語化につながることを期待しつつ、経験学習モデルを活用してほしい。

また、経験から学ぶために必要な力として「ストレッチ」という考え方がある。ストレッチは、背伸びをする、すなわち、問題意識をもって挑戦的に新規性のある課題に取り組む姿勢のことであり、経験から学ぶための土台づくりを指す。初めて経験することに取り組むとき

に、人は新たな知識やスキルを獲得し、成長する。さらにリフレクションは、行動の後に内省するだけでなく、行動しながら内省することも含まれる。つまり、1日の実習の終わりや実習終了後に成功や失敗を振り返ることで、人は新しい知識やスキルを刻み込むのである。せっかく貴重な経験をしても、その意味を深く考えないなど、成功や失敗の要因を振り返ることがなければ新たな経験につなげることはできない。自身の仮説や教訓を積極的に次の経験につなげることが、新たに具体的な経験となる。実習生が主体的に実習経験をどのように活かしていくことができるかがポイントであり、貴重な実習経験からソーシャルワークの理解を深めていく姿勢が欠かせない。

2 実習（1か所目）での学びの振り返り

　機能の異なる2か所の施設で実習を経験することで、さまざまなクライエントやケースに触れる機会が得られる。それぞれの実習施設で異なる対象者のニーズや生活課題を学ぶことで、より幅広いソーシャルワーク実践を経験できる。また、障害の状況や対象者の年齢などに合わせたアプローチやスキルも経験できる。1つの実習施設ではクライエントとの直接的な対話やカウンセリング場面に同席、もう1つの実習施設ではチームワークやケースマネジメントの場面に同席できるかもしれない。両方の経験を通じて、多様なアプローチやスキルを習得することが可能になる。さらに、異なる実習施設での経験を通じて、自己の強みや専

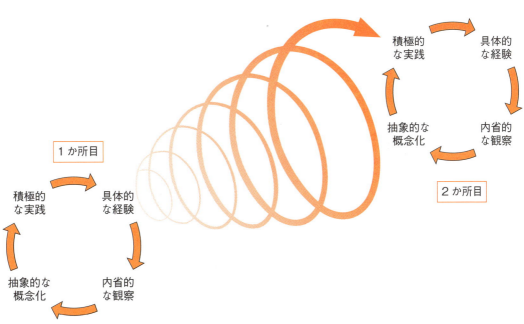

図4-2　実習経験による学習の広がりと深まり
資料：Kolb, D.(1984)をもとに作成

表4-2　ソーシャルワーク実習のねらい

① ソーシャルワークの実践に必要な各科目の知識と技術を統合し、社会福祉士としての価値と倫理に基づく支援を行うための実践能力を養う。
② 支援を必要とする人や地域の状況を理解し、その生活上の課題（ニーズ）について把握する。
③ 生活上の課題（ニーズ）に対応するため、支援を必要とする人の内的資源やフォーマル・インフォーマルな社会資源を活用した支援計画の作成、実施及びその評価を行う。
④ 施設・機関等が地域社会の中で果たす役割を実践的に理解する。
⑤ 総合的かつ包括的な支援における多職種・多機関、地域住民等との連携のあり方及びその具体的内容を実践的に理解する。

門職として成長するためのポイントを学ぶ機会となる。そして、異なる環境や組織での経験は、専門性を高めるための貴重な機会となり、さまざまな専門職や関係機関とのつながりを築くことができるため、将来のキャリアや学びの機会が広がる可能性が考えられる。

したがって、1か所目の実習と2か所目の実習は別物として捉えるのではなく、ソーシャルワークの学びにつながりをもたせて展開していくことが重要である（図4-2）。

1か所目の実習成果を踏まえて2か所目の実習目標を設定することを鑑み、1か所目の実習を振り返っておきたい。

第1章第2節で述べた通り、実習の教育内容については5つの「ねらい」が示されており（表4-2）、この「ねらい」を達成するために実習前の学習から実習後の学習まで継続して取り組むことになる。

この「ねらい」に沿って立案した1か所目の実習計画書に基づいて、実習目標の達成状況を振り返るとともに、「できたこと・わかったこと」「できなかったこと・わからなかったこと」を明確にし、「できなかったこと・わからなかったこと」は2か所目の実習における自身の課題として取り組むことが求められる。

3　実習（2か所目）並びに実習全体での学びの振り返り

1）実習全体の経験とリフレクションによる学び

2か所目の実習が終了すると、1か所目と同様に実習（2か所目）での学びを振り返る、実習後の学習に取り組むことになる。その後、機能の異なる2か所の施設での実習全体の実習後の学習を行う。

実習では、機能の異なる実習施設それぞれで異なるクライエントやケースに接し、さまざまなニーズや問題に対処する方法を学ぶことになる。加えて、多様性への理解を深める機会にもなるであろう。社会問題やニーズは地域や文化によって異なり、多様な文化や背景をもつクライエントと接することは、将来、ソーシャルワーカーとして実践するうえで、クライエントや他の専門職との信頼関係を構築し、適切な支援を行うためにも極めて重要である。

また、実習生が自身の興味や専門分野を探求する機会にもなり得る。たとえば、社会福祉協議会と児童養護施設での実習を経験し、あらためて自身の問題意識や、より興味・関心の高い分野・領域を意識することで、将来のキャリア選択に役立つ可能性も考えられる。

　先述の通り、1か所目と2か所目の実習は連続しており、2か所の実習を通して全体の実習後の学習に取り組む。異なる施設種別で実習を行うため、違う景色に見えてしまうかもしれないが、決してそうではない。見え方は異なるが、共通する視点や考え方など、ソーシャルワークとしての共通点を見出せないだろうか。

　構造的に捉えれば、社会福祉協議会が行う児童養護施設退所後の児童への貸付事業と、児童養護施設で生活している児童との関わりにはどのような関係性があるのか、といった視点で考えることができる。また、地域における包括的な相談支援体制の仕組みとして推進されている地域包括ケアシステムと、地域の社会資源の1つである特別養護老人ホームで展開される施設内外の専門職連携のあり方との関連を捉えることで、ソーシャルワークにおける多職種・多機関連携やミクロ・メゾ・マクロレベルでの構造的理解の促進が期待される。

　さらに、ジェネラリスト・ソーシャルワークの視点から、社会的な問題の複雑さや多様性について、機能の異なる2か所の施設での実習を終えたからこそ得られる重層的な学びを深められるよう、実習後の学習に取り組んでもらいたい。

2) スペシフィックからジェネリックへ ——経験学習サイクルを活用して

　実習は、特定の分野・領域の専門職育成を目的としているものではなく、すべての分野・領域に共通するジェネラリスト・ソーシャルワークの視点で学ぶことは、序章および第1章で述べた通りである。実習はスペシフィック（特定）の分野で行うが、その経験はジェネリック（普遍的）なソーシャルワークに概念化して理解しておくことが重要である。そのため、実習生には実習での成功・失敗体験から学んでほしい。なぜなら、成功体験を言語化することで、実習生は自身のストレングス（強み）や能力を認識し、どのような要因によってうまくいったのかを理解することができるからである。たとえば、「自分の意思を表示することが苦手なクライエントへの言葉がけや質問の仕方を工夫したことで、本人がやりたいことは何かを知ることができ、個別支援計画に反映することができた」というように成功体験を言語化することで、クライエントとの援助関係形成に求められるコミュニケーションや問題解決に必要なスキル、個別支援計画立案の留意点等に気づくことができる。

　一方、失敗体験を言語化することは、実習生にとって最も重要な学びの機会である。失敗から得られる教訓や改善点を言語化することで、自身の弱点や改善すべき点を認識し、将来の同様の状況に対処するための戦略を考えることにつながる。たとえば、クライエントとコミュニケーションがうまくとれなかったという失敗体験を言語化することで、確認や連絡のタイミング、職員間のコミュニケーション、情報共有の重要性を理解することができる。このような実習全体を通した学びの振り返りが「経験学習サイクル」の活用につながる。

第1節　実習後の学習の目標と学び方　　**129**

成功体験と失敗体験の両方から学びを導き出し、それを、将来ソーシャルワーカーとなったときに活かすことができるようキャリアビジョンを描き、自身の引き出しを増やしてもらいたい。

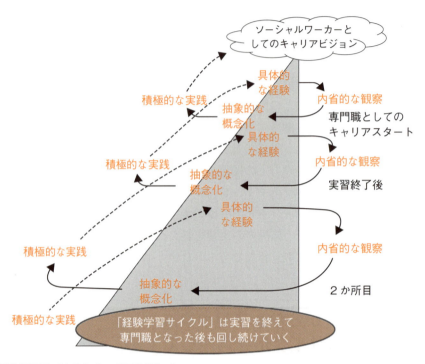

図4-3　経験学習サイクルとキャリアビジョン
資料：全国社会福祉協議会『改訂2版　福祉職員キャリアパス対応生涯研修課程テキスト　チームリーダー編』p.11、2021年を一部改変

第2節 実習を通して獲得したソーシャルワークの学び

1 実習の成果と課題を言語化する

1) 実習の成果と課題を言語化する意義

　前節でのコルブの経験学習サイクルを用いた説明の通り、実習後の学習は、自身の実習の具体的な経験を俯瞰(ふかん)して意味づけを行い、抽象的な概念として捉え直す機会となる。

　実習中には気づくことができなかった事柄も、実習後の学習を通して、養成校で学んだ知識と関連づけて考えることができたり、出来事を振り返り、「このように対応するべきだった」と今後の実践のあり方に結び付けて考えることができるようになるだろう。

　実習では、機能の異なる2か所の施設で学ぶ。1か所目の実習の学びを実習後の学習で振り返り、自身の成果と課題を明らかにし、2か所目の実習に向けた学習に取り組んでいく。そして、2か所目の実習の成果と課題を実習後の学習で明確にし、さらに実習全体の振り返りを行う。このように、実習ごとに成果と課題を丁寧に言語化することは、ソーシャルワーカーとしての実践力の向上につながる重要な学習となる。

　ソーシャルワークは実践の科学である。貴重な現場での実践を単なる「経験」で終わらせるのではなく、実践場面で起こった事象を振り返り、出来事の因果関係を捉え直したり、そのときに導き出した仮説や実践(介入)方法は本当に正しかったのか、別の手段はなかったかなど、自身の実践を客観的に振り返ってほしい。実習場面を離れたこの段階だからこそ、冷静に俯瞰(ほうかん)することができるだろう。科学的な視点を包含した振り返りと言語化を重ねることで、根拠に基づいた支援ができるソーシャルワーカーへと成長することができる。

2) 実習の成果と課題を言語化する手段と方法

①実習後のスーパービジョンを活用した言語化

　実習で経験した出来事は、すべてが肯定的な感情を伴うものばかりではなく、「戸惑い」「葛藤」「自身の力不足」など、悩みを伴った負の感情を抱くこともあっただろう。実習を終えた今、自身の経験したことやそのときに感じたことをありのまま「ピア＝仲間」に伝えてみる方法がある。ピア・スーパービジョンは、同様の立場や経験のある者同士で行われることから、

互いに気兼ねなく意見を伝えやすいというメリットがある。特に、仲間が経験した困難事例への対応のプロセスや具体的な行動は、自身の今後のソーシャルワーク実践の参考になるだろう。

　また、教員によるスーパービジョンから実習を振り返る方法もある。「よい評価を受けたい」「できない自分を見せたくない」という無意識的な欲求が出てくるかもしれないが、スーパービジョンは評価の場ではなく、専門職としての成長の機会である。実習記録などを振り返りの材料としながら、一つひとつの場面で何を感じ、何を考えて行動したのか、自分の言葉で伝えてみることが大切である。スーパービジョンを受けることによって、実習での経験に奥行きが生まれ、実習の成果と課題をより立体的に捉え直すことができるようになる。

②実習計画書と実習プログラムを活用した言語化

　実習中、実習計画書と実習プログラムは十分に活用できたであろうか。この2つは車の両輪のような関係であり、実習生の進むべき道を示してくれるナビゲーションのような存在でもある。実習を終えた後には、あらためてこれらの資料から実践を振り返ることができる。

　実習前の学習の段階で実習プログラムを読み、実習のイメージを膨らませ、「できること」と「やるべきこと」をすり合わせながら実習計画書の作成を進めてきた。その実習計画書には実習期間中に達成すべき目標があり、その目標を達成するための具体的な方法（行動目標と取り組み）を検討して言語化している。実習を通してこの目標の達成度合いはどの程度であっただろうか。前節の「実習後の学習の目標と学び方」から学んだように、単に目標が「達成できた」「達成できなかった」という表層的な振り返りにとどめず、各項目を横断的に振り返り、成果と課題を言語化すればよい。

　たとえば、「バイステックの7原則を常に意識した」「実習前の学習が足りなかった」「やりたいことをもっと積極的に実習指導者に働きかければよかった」などの具体的な内省は、自身の今後の成長に結び付く価値あるセルフスーパービジョンとなる。

③実習記録を活用した言語化

　実習記録は一日一日の体験をまとめたものであり、実習終了後には、実習日数分の実習の成果が手元に残ることになる。あらためて一枚一枚読み返すことで、自身の学びの成果をその軌跡とともに振り返ることができるツールとなる。クライエント理解の視点が広がったり、次第に深い考察がまとめられるようになったり、専門用語が自然な形で使えるようになったりと、実習の成果を自身の成長のプロセスとともに振り返ることができるだろう。

　「できなかったこと」が「できるようになった」実習の成果を一つひとつ拾い上げ、言語化することは、セルフエンパワメントにつながる。また、「できなかったまま」残された課題も実習の産物である。実習は高度な専門性を学ぶ場であり、むしろ「できなかったこと」「うまくいかなかったこと」のほうが数多く残るだろう。これらをどのような方法をとれば「できるようになる」のか考察することが重要である。「できるようになる」ための今後の学習目標を明確にし、コルブの経験学習サイクルの「積極的な実践」に発展させることで、今後の成長につながる。

また、実習記録に記された実習指導者からのコメントは、実習の成果と課題を言語化するための最も重要な材料となる。客観的な視点から実習生の力量を評価し、さまざまな観点から助言を寄せてくれていることだろう。それをエールとして受け取り、実習の成果と課題を積極的に言語化してほしい。

④実習評価表を活用した言語化

実習評価には、実習生自身による「自己評価」と実習指導者が実習生を評価する「実習評価」がある。様式や情報開示の方法は養成校によって異なるが、一般的には一定の尺度をもって評価することから、実習の成果や課題が明確に可視化される。

大切なことは、評価が「高かった」「低かった」で一喜一憂するのではなく、実習の準備段階も含め、これまでのどのような取り組みが評価を左右したのかを考察することである。評価が高かった項目は、どのような準備や取り組みが良好な成果として現れたのか、逆に評価が低かった項目は、どのような準備や取り組みが不足していたのかを内省し、客観的に言語化することで、自身の成長に向けた行動変容への足掛かりとすることができる。

しかし、実習生の「自己評価」と実習指導者からの「実習評価」が乖離しているケースもある。実習生が「できている」と思っていても、実習指導者の目からは「できていない」と見えている場合もあれば、実習生の自己評価が実習評価に比べて低いこともあるだろう。どの部分にその認識のズレがあるのか、このことを評価表のコメントや実習記録、教員からのスーパービジョンなどを活用して振り返り、適切な自己評価へとつなげることが重要である。自身の成果や課題を適切に認識してこそ、次の学びのステップにつなげることができる。

3)倫理的ジレンマを活用した振り返り

実習を通して、ソーシャルワーカーは、「クライエント」「組織・職場」「社会」に対する倫理責任、また、「専門職」としての倫理責任を担いながら、クライエントとの援助関係を深め、ウェルビーイングを共に追求する専門職であることが理解できたであろう。専門職としての視座からクライエントや多職種、組織や制度と真摯に対峙するからこそ、時には相手と価値観が対立し、そこから葛藤が生じてくる。これがジレンマである。言い換えれば、専門職の価値と倫理の原則に依拠した実践をしているからこそ避けられないのが倫理的ジレンマである。このようなことを考えると、実習を通してジレンマを抱え悩んだ経験は、ソーシャルワーカーとなるために必要なプロセスだと気づくだろう。

このジレンマから学ぶ方法として、スーパービジョンや事例検討会の活用がある。取り上げる事例は、事前に次の2点を言語化しておくとよい。

まずは、ジレンマを抱いた場面を切り取り、その全体像を整理することである。ジレンマを認識した対象の環境や心理状況をアセスメントし、ジレンマが生じている背景を分析する。この段階で自身の思考の偏り、視野の狭さ、着眼点のズレなどに気づく場合がある。

次に、ジレンマの構造の言語化である。何と何の狭間で価値観が対立し、葛藤が起きたの

かを客観的に捉えていく。自身の専門職としての価値観と他職種との価値観の対立、組織の価値観との対立、クライエントの家族との価値観の対立など、その構造を明らかにし言語化しておくとよい(表4-3)。

表4-3　ジレンマの構造

○ソーシャルワーカー自身の価値観とソーシャルワーク倫理とのジレンマ
○ソーシャルワーカー自身の価値観とクライエントの価値観とのジレンマ
○ソーシャルワーカー自身の価値観と同僚や他の専門職の価値観とのジレンマ
○ソーシャルワーカー自身の価値観と所属する組織の規範や習慣なども含めた価値観とのジレンマ
○ソーシャルワークの倫理間のジレンマ
○社会環境(時間・資源の制限など)によって生じるジレンマ

資料：一般社団法人日本ソーシャルワーク教育学校連盟「ソーシャルワーク演習のための教育ガイドライン(2022年2月改訂版)」より抜粋

2 実習報告書の作成とプレゼンテーション

1)実習報告書作成の意義

　実習報告書は実習で体験した出来事を並べたり、感想を書くものではない。実習前の準備段階から実習後の振り返りまでの自身の学びを集約し完成させるものである。1か所目の実習の学びを振り返り2か所目に、2か所目の実習の学びをその後のソーシャルワーク実践に活かすため、それぞれの実習後に丁寧に振り返り、報告書を作成する必要がある。加えて、1か所目の実習と2か所目の実習を統合・総括した報告書が求められる場合もある。

　実習報告書は、なぜ実習中はそのように捉えたのか、なぜ自分はそのように感じたのか、実習中の主観的な学びを冷静に振り返り、その背景にある自身の思考や態度、視点などを俯瞰し客観的に捉え直すことに意義がある(図4-4)。

　実習報告書は実習に区切りをつけるための単なる取り組みではなく、最終的にはこれまでの学びを総括しながらソーシャルワーカーとしてのあるべき姿を概念化するための重要な資

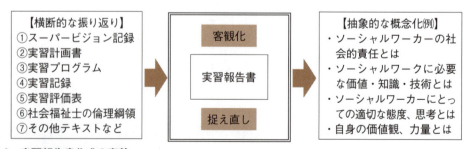

図4-4　実習報告書作成の意義

料となる。現時点での自身の力量や視点と「あるべき姿」を比較することで、今後の課題が明確になるだろう。完成した実習報告書は実習指導者にもフィードバックされる。実習指導者にしてみれば、実習指導の成果と課題が確認できる貴重な資料となる。

2)実習成果のプレゼンテーション

①実習報告会の意義

　養成校では実習報告書をまとめた後には、その学びの成果を発表する場として実習報告会がある。

　実習報告会で期待できる成果は、以下のように整理できる。

---

①専門職としての説明責任（アカウンタビリティー）を果たすためのプレゼンテーションの経験の場となる
②参加者からの評価や質問を受けることで新たな気づきが得られ、支援の引き出しが増える
③多くの報告者の経験を追体験し、支援の場の特徴や実習種別ごとの視点の違いを理解することができる
④多くの報告者の経験のなかから、ソーシャルワーク実践の共通基盤を導き出すことができる
⑤実習施設ごとの地域性、クライエント個々の生活の場、一人ひとりの価値観を理解し、個別支援の重要性を再確認できる
⑥発表原稿などの資料の作成を通じて、相手に伝わりやすい表現方法を検討する機会となる

　実習報告会の取り組みは、実習生同士の学び合いを通じて、支援のバリエーションやクライエント理解の視点が広がり、自身の学びに厚みが増していく重要な学びの機会となる。同時に、実習を通して実践的理解に努めたファシリテーションやプレゼンテーション技術の習熟度を表すとともに、これらを涵養させる場ともなる。

第3節

ソーシャルワーク実習で身につけた「4＋1の力」

1 「4＋1の力」を言語化する

本章第1節・2節では、1か所目あるいは2か所目の実習を終えた段階において取り組むべき学習やその学び方について確認した。ここからは、実習全体の総まとめとして、あらためて実習で得た実践力を「4＋1の力」で整理する。

1）実習で身につけた力を「4＋1の力」で表現する

序章第3節では「4＋1の力」について、人と社会の関わりやソーシャルワークとの関連から説明している。また、第3章第2節から第6節の最終項においても「4＋1の力」の観点から学びが整理されている。あらためてそれらを確認すると、「伝える力」「共感する力」「見据える力」「関わる力」、そして、「地域社会に貢献する力」のいずれもが不可分で、かつソーシャルワークを実践する者として保有すべき大切な力であることがわかる。

実習では、実習ガイドラインの「教育に含むべき事項」に示す10点（第1章第2節）を意識して取り組んできた。それらの学びを踏まえ、本節では実習におけるミクロ・メゾ・マクロにわたる一連の学びを、「4＋1の力」で表現することを試みる。

ミクロレベルとして、「④利用者やその関係者（家族・親族、友人等）への権利擁護活動とその評価」から考えてみたい。たとえば、重い障害のあるクライエントが地域社会で暮らすうえで権利侵害を受けているという事例との出会いから捉えてみると、❶クライエントの思いを受け止め（共感する力）、❷権利侵害が生じる背景を正しく理解し（見据える力）、❸クライエントや関係者等と情報を共有し（伝える力）、❹さまざまなシステムとの関係を紡ぎながら（関わる力）、❺地域への働きかけを通して権利侵害の状況を改善しようと働きかける（地域社会に貢献する力）、のように整理することができる。

メゾレベルでの、「⑤多職種連携及びチームアプローチの実践的理解」との関連で見ると、先のクライエントに関するケア会議への同席という実習経験を踏まえ、❶ソーシャルワーク機能を伝達し（伝える力）、❷他の職種の考えを理解し支援目標を共有することで（共感する力）、❸地域課題に対して何をすべきか理解し（見据える力）、❹さまざまなシステムに関係していく（関わる力）ことを実感できただろう。そして、❺さまざまな人々と共に地域の力を高めていく力（地域社会に貢献する力）を習得できたのではないだろうか。

136　第4章　実習後の学習

さらに、マクロレベルの取り組みとして、社会福祉法人の「地域における公益的な取り組み」の企画・運営に関わる機会があったとする。たとえば、重い障害のあるクライエントの居住支援に関わり、❶地域にある社会課題を捉え（見据える力）、❷さまざまな人々との信頼関係を構築し（伝える力）、❸みんなでよりよい地域社会を志向し（共感する力）、❹公益的な取り組みを広く展開し（関わる力）、❺社会課題の解決を目指す（地域社会に貢献する力）、と表現することができる。

2)「4＋1の力」をソーシャルワーク実践に活用する

「4＋1の力」は、ソーシャルワークや実習に限定した力ではなく、人と社会に関わるあらゆる場面で活用し得るものである。それと同時に、ソーシャルワークが人と社会に働きかけるという特性をもつことから、ソーシャルワークの実践力につながる。その意味において、「4＋1の力」を実習に引きつけて考えることは、ソーシャルワーク専門職としての実践力の理解を深めることに役立つ。

「ソーシャルワーク専門職である社会福祉士に求められる役割等について」では、今日の社会福祉士に求められる役割として、①複合化・複雑化した課題を受け止める多機関の協働による包括的な相談支援体制、②地域住民等が主体的に地域課題を把握して解決を試みる体制の構築、の2点が示されている。実習では、これらの役割を果たすためのソーシャルワーク実践と活用され得る「4＋1の力」を理解してきた。また、実習生としてクライエントや実習指導者、地域の関係機関等と出会うなかで、「4＋1の力」を総動員しながらこれらの力を少しずつ蓄えてきただろう。

4つの力が重なり合うことで、総合力としての「地域社会に貢献する力」となっていく。そしてこの総合力こそが、地域共生社会の推進に資するソーシャルワークの力量へとつながっていくことを確認しておきたい。

2 「4＋1の力」を活かした自己の成長

1)実習生からソーシャルワーク専門職となりゆくために

実習生は、多様な学びを通してソーシャルワーク専門職としての基盤を形成することができた。そして、自己学習やスーパービジョン等の機会を活用して、ソーシャルワーカーになりゆくための実習後の学習に取り組んできた。

一方で、実習は配属された特定の施設での学びが中心となるため、一定の範囲での学びに終始しがちである。そのため、実習後の学習では実習で習得した学びをさらに膨らませ、発

展させる取り組みが求められる。ジェネラリスト・ソーシャルワークの視点で捉えたミクロ・メゾ・マクロレベルの一体的な支援に引きつけて検討することや、「4＋1の力」をキーワードに、ソーシャルワーク専門職として求められる実践力を言語化することが、学びを深めるヒントとなるだろう。

2)「4＋1の力」を活かしたソーシャルワーカーの成長

ソーシャルワーカーとしての学びは、実習や資格取得のための学習で終わりではなく、ソーシャルワーク専門職としての実践力を高め続けていかねばならない。

そのための基盤となるのは、「ソーシャルワーク専門職のグローバル定義」であり、日本でのソーシャルワーク実践により紐づけるならば、「グローバル定義の日本における展開」(表4-4)から導き出すことができるだろう。

表4-4　ソーシャルワーク専門職のグローバル定義の日本における展開

●ソーシャルワークは、人々と環境とその相互作用する接点に働きかけ、日本に住むすべての人々の健康で文化的な最低限度の生活を営む権利を実現し、ウェルビーイングを増進する。
●ソーシャルワークは、差別や抑圧の歴史を認識し、多様な文化を尊重した実践を展開しながら、平和を希求する。
●ソーシャルワークは、人権を尊重し、年齢、性、障がいの有無、宗教、国籍等にかかわらず、生活課題を有する人々がつながりを実感できる社会への変革と社会的包摂の実現に向けて関連する人々や組織と協働する。
●ソーシャルワークは、すべての人々が自己決定に基づく生活を送れるよう権利を擁護し、予防的な対応を含め、必要な支援が切れ目なく利用できるシステムを構築する。

ここにあるように、多様性の尊重や切れ目のない支援システムの構築など、世界に先駆けて少子高齢社会を経験し、個人・家族から政治・経済に至る多様な課題と向き合う現代日本において、一層重要となる実践である。

これらの実践を展開するうえでの土台となるのが「4＋1の力」となるはずだ。専門職としてのキャリア形成にはさまざまな方法があるが、ソーシャルワーカーとしてどうあるべきか、何を大切にすべきか、といった基本に立ち返ったとき、いつも「4＋1の力」が私たちを支えてくれるのではないだろうか。

参考文献・資料

○社会保障審議会福祉部会福祉人材確保専門委員会「ソーシャルワーク専門職である社会福祉士に求められる役割等について」2018年
(https://www.mhlw.go.jp/file/05-Shingikai-12601000-Seisakutoukatsukan-Sanjikanshitsu_Shakaihoshoutantou/0000199560.pdf)

○公益社団法人日本社会福祉士会「ソーシャルワーク専門職のグローバル定義の日本における展開」2017年
(https://www.jacsw.or.jp/citizens/kokusai/IFSW/documents/tenkai_01.pdf.)

○一般社団法人日本ソーシャルワーク教育学校連盟「ソーシャルワーク演習のための教育ガイドライン(2022年2月改訂版)」2022年
(http://jaswe.jp/doc/20220228_enshu_guideline.pdf)

○Kolb, D. A., *Experiential Learning: Experience as the Source of Learning and Development*, Prentice-Hall, 1984

○全国社会福祉協議会編『改訂2版 福祉職員キャリアパス対応生涯研修課程テキスト チームリーダー編』全国社会福祉協議会、2021年

○松尾睦『職場が生きる人が育つ「経験学習」入門』ダイヤモンド社、2011年

おわりに―ソーシャルワーカーとなりゆく皆さんへ―

　社会福祉士養成の新カリキュラム対応の本テキストを『総合的な実践力を獲得するソーシャルワーク実習――個と地域に働きかける「4＋1の力」』というタイトルで編集してきたが、「総合的な実践力」と「個と地域に働きかける『4＋1の力』」という2つのキーワードを、どのようにイメージされただろうか。

　まず、「総合的な実践力」は、本テキストでは、「ジェネラリスト・ソーシャルワークの視点で捉えたミクロ・メゾ・マクロレベルの一体的な支援」として取り上げられている。こうしたソーシャルワークの統合的な動向は、本テキストで紹介したように、アメリカでは、1960年代の貧困の再発見のなかで従来のケースワーク論への批判を通して、また同じ頃、イギリスでも貧困の再発見を背景にした地方自治体の福祉部局の統合化(シーボーム改革)を通して、ジェネラリスト・ソーシャルワークが問われてきた。こうした国際的な流れが我が国において今日課題になっているということは、日本のソーシャルワークの実践、その対象、それを支えてきた福祉の諸制度等が成熟してきたと見ることができる。

　したがって、学生は、序章で提起されているソーシャルワークとミクロ・メゾ・マクロの関連の原理、第3章「実習中の学習」におけるその展開、特に「個別支援」と「地域支援」の取り組みを踏まえて、自らのソーシャルワーク実習を手がかりに「総合的な実践力」とはどういうことなのかを考えてほしい。

　その際、この「総合的な実践力」は、第1章「ソーシャルワーク実習とは」において説明された「ソーシャルワーク実習の構造」、とりわけ「機能が異なる2か所以上の実習施設」で行われることを前提としているため、施設種別はもちろん、実習施設の存在している地域の特性等をどう理解し、実習に反映させることができたのかを振り返ることが重要となる。その意味で、第2章「実習前の学習」と第4章「実習後の学習」における学びを活かしたい。

　次に「個と地域に働きかける『4＋1の力』」である。コラム(pp.12 ～ 13)にも書かれているように、これが生まれたのは、専門職資格を取得させている一大学の異なる学部が、スタンダード(「4＋1の力」)に基づき自学部の専門的な学びを他者に伝えることにねらいがあった。どうすれば、互いの専門性をリスペクトしていけるのか。取得する専門資格が異なるとしても、「伝える力」「共感する力」「見据える力」「関わる力」そして「地域社会に貢献する力」は、専門的な学びを他者に伝えるうえで基本となるものになるのではないか、という視点から発案されたもの

である。言い換えれば、養成校レベルでの学部間の多職種連携教育や地域社会との地域連携教育を推進するための基礎力を、教育理念をもとに具体化したのが「4＋1の力」であった。

　本テキストは、このスタンダードをソーシャルワーク実習教育に適用したものだが、序章にあるように、ソーシャルワークの立場から「4つの力」の働きは「二重の意味をもつ」と独自に解釈した部分もある。詳しくは、第3章の配属実習における各節の課題において、「4＋1の力」がどう問われているのかを例示している。学生は自分が考えた課題へのアプローチと比較しながら、「4＋1の力」をさらに深めていってほしい。

　そして、ソーシャルワーカーとして福祉現場等で働くようになってからも、学び続ける努力を忘れず、職場と地域で協働しながら福祉のレベルアップに寄与されることを願っている。

日本福祉大学名誉教授（前社会福祉実習教育研究センター長）
木戸利秋

資料

1	ソーシャルワーク実習指導ガイドライン
2	ソーシャルワーク実習教育内容・実習評価ガイドライン
3	ソーシャルワーカーの倫理綱領
4	社会福祉士の倫理綱領

1 ソーシャルワーク実習指導ガイドライン

※実習中は「実習評価ガイドライン」の教育目標の達成度や実習計画の進捗状況の確認を行い、その後の学習の推進と総括に向けた指導を中心に行う。

2021年8月　一般社団法人日本ソーシャルワーク教育学校連盟
「ソーシャルワーク実習指導・実習のための教育ガイドライン（2021年8月改訂版）」

厚労省「ソーシャルワーク実習指導」教育内容		教育目標		実習の展開過程における指導内容の例（実習生への説明・指導、場や機会の設定など）		
ねらい	教育に含むべき事項	達成目標	行動目標	実習前	実習中	実習後
①ソーシャルワーク実習の意義について理解する。 ②社会福祉士として求められる役割を理解し、価値と倫理に基づく専門職としての姿勢を養う。 ③ソーシャルワークに係る知識と技術について具体的かつ実践的に理解し、ソーシャルワーク機能を発揮するための基礎的な能力を習得する。 ④実習を振り返り、実習で得た具体的な体験や	①実習及び実習指導の意義（スーパービジョン含む。）	実習及び実習指導の意義と目的を理解することができる	①ソーシャルワーク実習における実習の意義と目的を説明することができる。 ②実習を遂行するために実施する実習指導の意義と目的を説明することができる。 ③通知「ソーシャルワーク実習指導」「ソーシャルワーク実習」を読み、各科目のねらいに含むべき事項について考えを述べることができる。 ④講義、演習、実習で学習する知識と技術を相互に関連づけて考え、説明することができる。	○実習指導を実施する意義と目的 ○実習の意義と目的 ○実習における倫理 ○実習における自己学習の意義と方法 ○通知「ソーシャルワーク実習指導」「ソーシャルワーク実習」		
		スーパービジョンの意義と内容を理解する	①スーパービジョンの意義、目的、機能を説明することができる。 ②実習におけるスーパービジョン関係と契約、スーパーバイザーとスーパーバイジーの役割について理解し、説明することができる。 ③実習の展開過程（実習前・中・後）に行われるスーパービジョンの内容と方法を説明することができる。	○スーパービジョンの意義と目的、契約 ○スーパーバイザーとスーパーバイジーのスーパービジョンの役割 ○スーパービジョンの実施方法	○実習指導者によるスーパービジョン ○教員によるスーパービジョンの実施 ○スーパービジョンの3機能に基づく実習状況の確認	○実習後のスーパービジョン ○教育目標の達成状況の確認
		実習教育評価の意義と目的、方法を理解する	①評価の意義、目的、方法を説明することができる。 ②実習の展開過程（実習前・中・後）で行う評価の目的と方法を説明することができる。 ③「ソーシャルワーク実習の教育目標（達成目標と行動目標）を説明することができる。	○評価の意義、目的、方法の知識 ○「ソーシャルワーク実習教育評価」 ○評価表の構成、書き	○達成目標および行動目標の進捗状況の確認 ○中間評価	○総括的評価

達成目標	達成課題	教育に含むべき事項（方）	評価
援助活動を、専門的援助技術として概念化し理論化し体系立てていくことができる総合的な能力を涵養する。			
実習の構造を理解する	④教育目標と実習計画との関係性を説明することができる。 ⑤評価表の構成や使用方法等について説明することができる。 ①実習契約関係、実習のステークホルダーについて説明することができる。 ②実習の展開過程（実習前・中・後）について説明することができる。	○実習契約関係 ○実習のステークホルダー ○実習の展開過程と構造 ○実習の展開過程で行う準備	○評価とスーパービジョン ○契約の履行状況の確認
実習におけるリスクマネジメントを理解し、実践することができる	①実習生の権利と義務を説明することができる。 ②個人情報保護とプライバシーの権利、守秘義務について説明することができる。 ③健康管理、感染症予防対策の必要性と方法を説明することができる。 ④実習中に想定されるトラブルの内容と対処方法や手順を整理し、説明することができる。 ⑤インシデント（ヒヤリハット）とアクシデントについて説明することができる。 ⑥情報を適切に活用・管理することができる。	○実習生の権利と義務 ○個人情報保護とプライバシーの権利、守秘義務 ○健康管理、感染症予防対策 ○実習の中断の理由と対応 ○インシデント（ヒヤリハット）とアクシデント ○情報リテラシー（SNS、日誌、移動中の会話等）	○想定されるリスクやトラブルの発生状況や対応状況の確認
②多様な施設や事業所における現場体験学習や見学実習 現場体験や見学実習を通じてクライエントや社会の問題を把握することができる	①見学先施設のクライエントや職員等に自分から働きかけ、関係を形成する。 ②地域の様々な分野や領域での現場体験や見学実習を実施し、視野を広げることができる。 ③地域の様々な分野や領域での現場体験や見学実習を実施し、生活問題や社会問題の実情を把握することができる。	○現場体験学習及び学実習のプログラム ○クライエントと関わる機会の設定 ○現場体験学習及び見学実習をレポートにまとめる	

ソーシャルワーク実習指導ガイドライン

③実際に実習を行う実習分野（利用者理解を含む。）と施設・機関、地域社会等に関する基本的な理解	地域の社会資源の種類や機能について把握することができる	①地域の社会資源の種類や役割等を把握し、特徴を説明することができる。 ②実習施設と関係している社会資源の種類や役割を調査し、特徴を説明することができる。 ③体験または見学先施設が対象としている人や地域の問題等の状況を調査し、記録にまとめることができる。	○社会資源 ○地域アセスメント
	見学先施設等のソーシャルワーク機能を発見することができる	①体験または見学先の施設におけるソーシャルワークの実践を観察し、記録にまとめることができる。	○ソーシャルワークの機能
	自己の体験と考察を言語化することができる	①体験や見学で感じたことや考えたことを言語化することができる。同級生や教員とディスカッションができる。 ②自己の言動を記録することができる。	○要約、構造化、レポート、プレゼンテーション、ディスカッション等
	実習施設・機関の法的根拠や種別を調べ、整理することができる	①実習先に関する情報を収集し、整理することができる。 ②実習機関・施設の職員配置と、実際の状況について説明できる。 ③実習する分野の事業やサービスの利用者、住民等の状況を調べて説明することができる。 ④実習分野の施設・機関等の設置の法的根拠を確認し、目的や事業内容等を整理することができる。	○実習指定施設、実習施設の設置や事業等の根拠となる法制度 ○実習分野・施設の利用者の状況に関する資料
	地域アセスメントを実施し、地域の課題や問題解決に向けた目標を設定することができる	①地域アセスメントの意義や方法、活用可能なツールについて説明することができる。 ②地域住民の生活の状況及び地域を取り巻く環境との関係を説明することができる。 ③収集した情報を統合してSWOT分析を行い、地域特性や地域の強み（ストレングス）、地域の顕在的・潜在的な課題を明確にすることができる。	○地域アセスメント ○SWOT分析 ○プランニング

教育に含むべき事項		達成目標	内容
④実習先で関わる他の職種の機能や役割と専門性や業務に関する基本的な理解	実習先の内部の職種の機能と役割を説明することができる	①各職種の職務や機能、役割を説明することができる。 ②チームにおける社会福祉士の役割・機能を説明することができる。 ③具体的な問題解決の事例を踏まえて連携や協働の必要性を説明することができる。	○実習施設の運営管理や職員体制、サービス・事業内容、支援体制等の情報 ○実習機関・施設の地域特性や社会資源
	実習先が関係する外部の職種の機能と役割を説明することができる	①各職種の職務や機能、役割を説明することができる。 ②チームにおける社会福祉士の役割・機能を説明することができる。 ③具体的な問題解決の事例を踏まえて連携や協働の必要性を説明することができる。	○実習施設の運営管理や職員体制、サービス・事業内容、支援体制等の情報 ○実習機関・施設の地域特性や社会資源
⑤実習で必要とされるソーシャルワークの価値と倫理と規範及び知識及び技術に関する理解	ソーシャルワークの価値と倫理の規範及び実習観点から実習先の事業等を考察することができる	①クライエントや地域住民、関係者等との関わり場面、問題解決過程、チームアプローチ場面等を振り返り、倫理判断に基づく行為を発見・抽出することができる。	○国際定義、社会福祉士倫理綱領・行動規範、ソーシャルワークの原理・原則など ○現場で使用している各種ツール・様式
	実習先で必要とされるソーシャルワークの知識と技術を整理し、説明することができる	①具体的な場面や事例を想定し、知識の目的、方法、留意点について説明することができる。 ②具体的な場面や事例を想定し、技術の目的、方法、留意点について説明することができる。	○ソーシャルワークの知識 ○ソーシャルワークの技術 ○事例
⑥実習における個人のプライバシーの保護と守秘義務等の理解	個人のプライバシーの保護と守秘義務の実施状況を把握することができる	①個人のプライバシー保護と守秘義務を理解し、説明することができる。 ②個人情報の取り扱いを個人情報保護法等に即して説明することができる。 ③実習生の権利、義務及び責任について説明することができる。	○個人情報保護法、関係法規（福祉事業者個人情報保護ガイドライン、実習先のプライバシーポリシー等） ○社会福祉士及び介護

ソーシャルワーク実習指導ガイドライン

			福祉士法、社会福祉士倫理綱領の守秘義務	
⑦実習記録への記録内容及び記録方法に関する理解	実習前に実施する見学実習や体験学習の成果を記録することができる	①一般的な記録の目的、留意点を説明することができる。 ②記録の方法を理解し、実際に書くことができる。 ③体験学習や見学実習等の経験や考えを記録することができる。	○記録の意義、目的、留意点 ○記録の方法	
	実習の成果を記録にまとめることができる	①実習記録の意義と目的について説明することができる。 ②実習記録の書き方と留意点を説明することができる。 ③実習先で使用している記録様式を確認し、記載すべき内容について説明することができる。 ④養成校所定の「実習記録ノート（実習日誌）」に記録することができる。 ⑤実習記録ノートの取り扱いや留意点を説明することができる。	○実習記録ノートの構成・内容 ○記入方法 ○実習記録ノートの取り扱い ○記録の取り扱い、留意事項	○実習記録ノートの確認
⑧実習生、実習担当教員、実習先の実習指導者との三者協議を踏まえた実習計画の作成及び実習後の評価	実習計画の意義と作成方法を理解し、作成することができる	①「ソーシャルワーク実習」の教育のねらいと含むべき事項を確認し、計画立案と計画立案の前提となる教育目標について説明することができる。 ②実習予定の施設・機関の事前学習を踏まえ、実習の進め方や行動目標に即した実習計画を立案することができる。 ③立案した実習計画書を担当教員に説明し、スーパービジョンを踏まえて修正することができる。 ④立案した実習計画書を実習指導者に説明することができる。 ⑤実習指導者が立案した実習プログラムとすり合わせの作業を行い、実習施設・機関の実態を踏まえた内容に修正することができる。 ⑥三者協議において実習計画書を説明し、修正方法も含めて合意形成を図ることができる。	○通知「ソーシャルワーク実習」の確認 「ソーシャルワーク実習教育評価ガイドライン」「評価表」と計画の関係性の確認 ○実習施設・機関の事前学習 ○三者協議の目的、進め方の説明 ○実習内容の合意（事前訪問から計画内容の合意、見直しまで）	
	実習計画の進	①実習の進捗状況と計画の履行状況を確認し、実習指導	○実習実施状況のモニ	○モニタリング

項目	ねらい	教育に含むべき事項	モニタリングの方法	
	捗状況や目標達成度についてモニタリングができる	者とのスーパービジョンを踏まえて続行や修正の判断を行うことができる。	タリングの方法	○総括的評価
	実習計画の進捗状況や目標達成状況について総括的に評価できる	①総括的評価として実習計画の実施状況、目標達成度を振り返り、自己評価(評価表に記入)することができる。 ②自己評価(評価表)と実習指導者による評価表の内容を照らし合わせ、共通点や相違点について確認し、教員からスーパービジョンを受け達成度や課題を確認することができる。 ③実習報告書(レポート)の作成に活用する。 ④実習報告会に向けた準備に活用する。		○総括的評価 ○実習計画の実施状況、目標達成度の確認 ○自己評価(評価表に記入)
⑨巡回指導	巡回指導の目的と方法を説明することができる	①通知に規定された「巡回指導」の目的を確認し、実習中に行われるスーパービジョンの内容を説明することができる。 ②巡回指導時におけるスーパーバイジーとしての役割を理解し、説明することができる。 ③巡回指導時における「実習計画書」や「実習記録ノート」の活用方法について説明することができる。 ④心身の健康状態を把握しスーパーバイザーに説明することができる。 ⑤必要に応じて巡回指導の実施を担当教員に求めることができる。		○実習におけるスーパービジョンの構造、契約や活用 ○実習計画書の確認 ○実習記録ノートの活用
	実習計画の進捗状況や目標達成度についてモニタリングができる(再掲)	①実習の進捗状況と計画の履行状況を確認し、実習指導者とのスーパービジョンを踏まえて続行や修正の判断を行うことができる。 ②実習記録の執筆・提出状況を振り返り、担当教員に説明することができる。 ③達成目標と行動目標の達成状況を分析し、継続・修正に向けて計画を見直すことができる。	○実習実施状況のモニタリングの内容と方法	○実習実施状況のモニタリング ○達成目標と行動目標の達成状況の分析
⑩実習体験や実習	実習の成果と	①達成目標と行動目標について達成(達成できたこと、	○実習の成果とは何か	○総括的評価

ソーシャルワーク実習指導ガイドライン

記録を踏まえた課題の整理と実習総括レポートの作成	課題を整理し、言語化することができる	課題等)を個人で確認する作業を行い、課題を整理することができる。 ②集団指導(グループ学習)において、自己の実習の成果をグループメンバーに説明することができる。 ③実習全体を総合的に評価することができる。	○成果の整理の方法 ○総括的評価の目的と方法	○達成目標と行動目標 ○実習後スーパービジョン
	実習総括レポートを作成する	①実習体験や実習記録を踏まえ、実習総括レポート(実習総括報告書)を作成することができる。	○総括レポートの書き方	○実習総括レポートの意義と作成方法 ○実習総括レポート
	⑪実習の評価及び全体総括会	①自己評価と他者評価を踏まえ、実習を総括的に評価することができる。 ②全体総括会(実習報告会)で発表内容を個人又は集団で作成することができる。	○達成目標と行動目標の確認 ○目標の達成度の確認 ○評価表と評価基準の確認 ○実習	○実習総括の意義、目的 ○実習生同士の相互評価の機会 ○総括会のフィードバック ○達成目標と行動目標の確認

2 ソーシャルワーク実習教育内容・実習評価ガイドライン

[ソーシャルワーク実習指導・実習評価ガイドライン（2021年8月改訂版）]

2021年8月　一般社団法人日本ソーシャルワーク教育学校連盟

○本実習教育内容・実習評価ガイドラインは、科目「ソーシャルワーク実習」の通知に規定されている「教育に含むべき事項①〜⑩」に対応した「教育目標」を設定している。教育目標は、「達成目標」と「行動目標」で構成される。

○「達成目標」は、実習生が実習を終えた時点において「どのような行動ができるようになっているか」を示したものであり、実習の結果としての状態を表している。達成目標の習得の深度や段階は、実習施設の種別や法人の理念等に基づき、実習前に実習担当教員と実習指導者との間で調整して設定する。

○「行動目標」は、達成目標を細分化し「説明できる」「図示できる」「実施できる」「作成できる」など、より具体的かつ観察可能な行動を示している。

○ソーシャルワーク実習では、実習施設の種別を問わず、ミクロ・メゾ・マクロの全てのレベルにおいて支援（介入）の対象が存在しているため、実際に活用する際は、それぞれのレベルで想定される対象を念頭に置いた行動目標を設定する。本ガイドラインでは「ミクロ」「メゾ」「マクロ」を以下の通り定義する。

> ミクロレベル：直接援助の対象である個人と家族への介入。
> メゾレベル：家族ほど親密ではないが、グループや学校、職場、近隣など有意義な対人関係があるレベルで、クライエントに直接、影響するシステムの変容をめざす介入。
> マクロレベル：対面での直接サービス提供ではなく、社会問題に対応するための社会計画や地域組織化。

○なお、教育に含むべき事項①〜⑩の項目配列の順序は実習過程の順序ではないため、実習施設・機関および実習生の状況に合わせ、各項目を関連付けて目標を達成するための実習計画を立案する。

厚労省通知「ソーシャルワーク実習」			ソーシャルワーク実習の教育目標
ねらい	教育に含むべき事項	達成目標	行動目標
①ソーシャルワークの実践に必要な各科目の知識と技術を統合し、社会福祉士としての価値と倫理に基づく支援を行うための実践能力を養う。 ②支援を必要とする人や地域の状況を理解し、その生活上の課題（ニーズ）について把握	①利用者やその関係者（家族・親族、友人等）、施設・事業者・機関・団体、住民やボランティア等との基本的なコミュニケーションや円滑な人間関係の形成	(1)クライエント等と人間関係を形成するための基本的なコミュニケーションをとることができる	①クライエント、クライエントの家族、グループ、地域住民、職員等、様々な人たちとのあらゆる出会いの場面において、その人や状況に合わせて挨拶や自己紹介、声掛けを行うことができる。 ②クライエント、クライエントの家族、グループ、地域住民、職員等と関わる場面において、その人や状況に合わせて言語コミュニケーションと非言語コミュニケーションを使い分けることができる。 ③ミーティングや会議等において発言を求められた際に具体的に説明することができる。 ④カンファレンスで利用者の状況を具体的に説明することができる。 ⑤地域住民をはじめ、広い範囲に発信するための広報やウェブサイトの原稿を作成することができる。
	②利用者やその関係者（家族・親族、友人等）との援助関係の形成	(2)クライエント等との援助関係を形成することができる	①クライエント等との信頼関係（ラポール）を構築する際の留意点や方法を説明することができる。 ②クライエント等に対して実習生としての立場や役割を理解できるよう説明することができる。 ③クライエント等と対話の場面で傾聴の姿勢（視線や声を合わせる、身体や声の質に配慮する、言語的追跡をする等）を相手に示し、コミュニケーションをとることができる。

教育に含むべき事項	ねらい	達成目標	行動目標
する。 ③生活上の課題（ニーズ）に対応するため、支援を必要とする人の内的資源やフォーマル・インフォーマルな社会資源を活用した支援計画の作成、実施及びその評価を行う。 ④施設・機関等が地域社会の中で果たす役割を実践的に理解する。 ⑤総合的かつ包括的な支援における多職種・多機関、地域住民等との連携のあり方及びその具体的内容を実践的に理解する。 ④利用者やその関係者（家族・親族、友人等）への権利擁護活動とその	③利用者や地域の状況を理解し、その生活上の課題（ニーズ）の把握、支援を必要とする人の内的資源やフォーマル・インフォーマルな社会資源を活用した支援計画の作成、実施及びその評価を行う。 ④施設・機関等が地域社会の中で果たす役割を実践的に理解する。 ⑤総合的かつ包括的な支援における多職種・多機関、地域住民等との連携のあり方及びその具体的内容を実践的に理解する。		④実習指導者や職員がクライエントとの問題解決に向けた信頼関係を構築する場面を観察し、重要な点を説明することができる。
		(3)クライエント、グループ、地域住民等のアセスメントを実施し、ニーズを明確にすることができる	①現状または過去のクライエント等の各種記録を参考に、収集すべき情報を説明することができる。 ②バイオ・サイコ・ソーシャルの側面からクライエント等の客観的・主観的情報を系統的に収集することができる。 ③クライエント等のエコマップ等を作成し、クライエント等を取り巻く環境（クライエントシステム）や関係性を把握し、説明することができる。 ④クライエント等のご理解のもと、本人や家族等が利用しているサービスや事業者から情報を収集し、クライエントを強みの視点から理解・説明することができる。 ⑤収集した情報を統合してアセスメント、クライエント等のニーズを明らかにすることができる。 ⑥収集した情報を指定の様式や用紙に記録することができる。
		(4)地域アセスメントを実施し、地域の課題や問題解決に向けた目標を設定することができる	①地域アセスメントの意義や方法、活用可能なツールについて説明することができる。 ②地域住民の生活の状況と地域及び地域を取り巻く環境との関係を説明することができる。 ③収集した情報を統合してSWOT分析を行い、地域特性や地域の強みと地域の顕在的・潜在的な課題を明確にすることができる。 ④地域課題について多角的に判断し、取組むべき優先順位を地域住民と共に検討することができる。
		(5)各種計画の様式を使用して計画を作成・策定及び実施及び評価することができる	①実習で関係する者をミクロ・メゾ・マクロレベルにおける計画（個別支援計画、事業計画、各種行政計画等）の作成等の要点や方法を説明することができる。 ②アセスメントの結果を踏まえ支援目標と支援計画を作成し（状況に応じてクライエントと一緒に）説明することができる。 ③自ら作成した支援目標・支援計画の一部または全部を実施することができる。
		(6)各種計画の実施をモニタリングおよび評価することができる	①現状または過去のケース記録等を参考に、モニタリングおよび評価の方法について説明することができる。 ②特定のクライエントやグループ、地域を対象とした計画実施のモニタリングおよび評価を行うことができる。 ③実習施設・機関等の計画評価についてモニタリング及び評価を行い、その結果を適切に報告することができる。
		(7)クライエントおよび多様な人々の権利擁護することができる	①クライエントおよび多様な人々を理解し、尊厳や価値観、信条、生活習慣等を尊重した言動をとることができる。 ②クライエントおよび多様な人々の持つ「強み・力」（ストレングス）と「課題」を把握することができる。

の評価		
		③クライエントおよび多様な人々を対象にした実習指導者や職員および実習施設・機関等が行っている権利擁護活動を理解し、説明することができる。 ④実習指導者や職員および実習施設・機関等のエンパワメントの視点に基づく実践を確認し、行うことができる。 ⑤実習施設・機関等が実施している権利擁護や苦情解決の取組み(法制度、事業等)を確認し、説明することができる。
⑤多職種連携及びチームアプローチの実践的理解	びにエンパワメントを含む実践を行い、評価することができる	
	(8)実習施設・機関等の各職種の機能と役割を説明することができる	①実習施設・機関等の各職種の種類について把握し、それぞれの職務および機能と役割を説明することができる。 ②チームにおける社会福祉士の役割・機能を説明することができる。 ③具体的な問題解決の事例を踏まえて連携や協働の必要性を説明することができる。
	(9)実習施設・機関等と関係する社会資源の機能と役割を説明することができる	①関係する社会資源をマッピングした上で、それらの役割や機能等について説明することができる。 ②関係する専門職の役割・業務内容等について説明することができる。 ③事例検討会・ケースカンファレンス等に同席し、出席している各機関・施設の視点や連携するための工夫について説明することができる。
	(10)地域住民、関係者、関係機関等と連携・協働することができる	①協働するためのコミュニケーションを取りながら地域住民、関係者、関係機関等との信頼関係を築くことができる。 ②活動目的や必要な情報を地域住民、関係者、関係機関等と共有することができる。 ③地域住民、関係者、関係機関の相互の役割の違いや重なりを認識し、連携・協働した活動を実施するための必要な調整を行うことができる。 ④実習施設・機関等の持つ資源や果たすことのできる機能・役割を地域住民、関係者、関係機関等に説明することができる。 ⑤包括的な支援体制における社会福祉士の機能と役割を説明することができる。
	(11)各種会議を企画・運営することができる	①カンファレンスや地域ケア会議等に同席し、職種ごとの業務の特徴やアセスメントの視点の違いを説明することができる。 ②多職種によるチームアプローチとして、目標設定や役割分担の合意形成の留意点等について説明することができる。 ③職員会議・委員会・事例検討会など組織内外で開催される会議の企画・運営を実習指導者と共に実施することができる。 ④他機関との合同会議、住民参加の会議など組織外で開催される会議に同席し、会議の種類や目的について説明することができる。

ソーシャルワーク実習教育内容・実習評価ガイドライン

⑥当該実習先が地域社会の中で果たす役割の理解及び具体的な地域社会への働きかけ	(12)地域社会における実習施設・機関等の役割を説明することができる。	⑤参加・同席した会議の記録を適切に作成し、必要に応じて参加者及び欠席者に説明・共有することができる。 ⑥実習施設・機関等で必要な会議を企画・実施準備・実施し、会議の進行（ファシリテーター）を担当することができる。 ①実習施設・機関等が地域を対象として具体的に取組んでいる事業や活動の理念や目的を明らかにし、説明することができる。 ②事業報告書、月次報告書、実績報告書、調査報告書等を閲覧し、説明することができる。 ③クライエントや地域の問題解決に向けた実習施設の役割について検討することができる。
	(13)地域住民や団体、施設、機関等に働きかける	①地域住民が主体的に取り組んでいる方法（地域組織化・当事者組織化・ボランティア組織化や事業企画実施等）を実践することができる。 ②関係機関や住民組織等に対して、問題解決に向けた連携・協働の必要性を説明し、関係構築を実施することができる。 ③情報発信の具体的な取組みと方法を実践することができる。
⑦地域における分野横断的・業種横断的な関係形成と社会資源の活用と調整・開発に関する理解	(14)地域における分野横断的・業種横断的な関係形成と社会資源の活用と調整・開発に関する理解	①実習施設・機関等の事業や活動と関係のある社会資源とその内容をマッピングし、関係を取り巻く社会資源の状況を説明することができる。 ②実習施設・機関等の事業やサービスを中心として、分野横断的・業種横断的な社会資源との関係性について明らかにし、説明することができる。 ③地域の問題解決に向けて分野横断的・業種横断的な社会資源が関係を形成することについて説明することができる。 ④地域の問題解決に向けて社会資源が力を発揮するための調整方法について説明することができる。 ⑤地域の問題解決のために必要な社会資源を創出・開発するための方法を説明することができる。
⑧施設・事業者・団体等の経営管理やサービスの管理運営の実際（チームマネジメントや人材管理の理解を含む。）	(15)施設・事業者・団体等の経営管理やサービスの管理運営の実際（チームマネジメントや人材管理の理解を含む。）	①実習施設・機関等の経営理念、経営戦略について説明できるとともに、SWOT分析等に基づいて説明することができる。 ②実習施設・機関等の理事会や評議員会など、意思を決定する組織体の機能について説明することができる。 ③各種委員会の役割や意思決定の過程と方法を説明することができる。
	(16)実習施設・機関等の法的根拠、財政、運営方法等を説明すること	①実習施設・機関等が設置や運連等に関連する通知等を自ら理解し、説明することができる。 ②実習施設・機関等における運営方法を決定する機関等を理解し、説明することができる。 ③事前学習で調べた組織図、事業報告書及び決算書に関して質問して疑問点等を適切に

⑨社会福祉士としての職業倫理と組織の一員としての役割と責任の理解	(17)実習施設・機関等における社会福祉士の倫理に基づいた実践及びジレンマの解決を適切に行うことができる	①実習指導者業務を観察し、クライエントや地域住民、関係者等の関わり場面、問題解決過程、チームアプローチ場面等を振り返り、倫理判断に基づく行為を発見、抽出することができる。 ②により抽出した倫理的判断に基づく実践のうち、倫理的ジレンマが生じた場面に気づき、その解決のプロセスを説明することができる。 ③自分自身に倫理的ジレンマが生じた場面をソーシャルワークの価値・倫理に基づり、振り返り、解決することができる。 ④多職種によるカンファレンス等において、クライエントや地域住民、関係者との問題解決に向けて社会福祉士の専門性や立場から発言することができる。 ⑤個人情報保護のための取組について説明することができる。
	(18)実習施設・機関等の規則等について説明することができる	①実習施設・機関等が組織運営をするために必要な規則等が体系的に整備されていることを理解し、説明することができる。 ②実習施設・機関等の規則等のうち、職員が遵守すべき事項と労働条件が規定されている就業規則等を理解し、説明することができる。 ③実習施設・機関等の規則等のうち、事務分掌や職務権限を規定する規則等を理解し、説明することができる。 ④実習施設・機関等の規則等のうち、文書の保管や廃棄、記録の開示等を規定する規則等を理解し、説明することができる。
⑩ソーシャルワーク実践に求められる以下の実践的技術の理解 ・アウトリーチ ・ネットワーキング ・コーディネーション ・ネゴシエーション ・ファシリテーション ・プレゼンテーション ・ソーシャルアクション	(19)以下の技術について目的、方法、留意点について説明することができる ・アウトリーチ ・ネットワーキング ・コーディネーション ・ネゴシエーション ・ファシリテーション ・プレゼンテーション	①具体的な事例を踏まえ、各技術の目的、方法、留意点について説明することができる。 ②各技術を実施することができる。 (アウトリーチ) (4)-③への取り組みを踏まえて、実習施設・機関等と関連して、当事者自身が声を上げられない状態にあるなどの理由で潜在化している問題や課題に気づき、解決に向けて当事者の居場所に出かけていくことができる。 (ネットワーキング) (8)-③・(9)・(10)-①②③・(11)・(13)-②・(14)-①②③への取り組みを踏まえて、実習施設・機関等のミクロ・メゾ・マクロレベルの問題解決に必要な職種・機関を検討し、その必要性を対象となる地域住民、各職種・機関に説明することができる。 (コーディネーション) (10)-③・(11)・(14)・(4)への取り組みを踏まえて、問題解決に必要な資源を把握し、その資源を円滑に活用できるよう調整することができる。 (ネゴシエーション) (4)-③・(10)-③・(11)-②への取り組みを踏まえて、必要な変化や合意形成に向けての戦略を検討し、問題解決に向けてその戦略を実施することができる。

ソーシャルワーク実習教育内容・実習評価ガイドライン

・ソーシャルア クション	（ファシリテーション） (10)-①②・(11)-②⑥・(13)への取り組みを踏まえて、カンファレンスや地域の会議、ネットワーク会議等における意思決定のプロセスが円滑になるよう働きかけることができる。 （プレゼンテーション） (1)-④・(2)-②・(3)-④・(10)-④・(11)-⑤の取り組みを踏まえて、適切に説明する内容をまとめ、場に応じた方法でその内容を発表することができる。 （ソーシャルアクション） (1)-⑤・(7)・(13)・(14)-⑤の取り組みを踏まえて、人がより良く生きることを阻害している法律・制度等の存在に気づくことができるとともに、それを変えるための戦略を検討し、実施することができる。

3 ソーシャルワーカーの倫理綱領

社会福祉専門職団体協議会代表者会議
2005年1月27日制定
日本ソーシャルワーカー連盟代表者会議
2020年6月2日改定

前文

　われわれソーシャルワーカーは、すべての人が人間としての尊厳を有し、価値ある存在であり、平等であることを深く認識する。われわれは平和を擁護し、社会正義、人権、集団的責任、多様性尊重および全人的存在の原理に則り、人々がつながりを実感できる社会への変革と社会的包摂の実現をめざす専門職であり、多様な人々や組織と協働することを言明する。

　われわれは、社会システムおよび自然的・地理的環境と人々の生活が相互に関連していることに着目する。社会変動が環境破壊および人間疎外をもたらしている状況にあって、この専門職が社会にとって不可欠であることを自覚するとともに、ソーシャルワーカーの職責についての一般社会および市民の理解を深め、その啓発に努める。

　われわれは、われわれの加盟する国際ソーシャルワーカー連盟と国際ソーシャルワーク教育学校連盟が採択した、次の「ソーシャルワーク専門職のグローバル定義」(2014年7月)を、ソーシャルワーク実践の基盤となるものとして認識し、その実践の拠り所とする。

> ソーシャルワーク専門職のグローバル定義
>
> 　ソーシャルワークは、社会変革と社会開発、社会的結束、および人々のエンパワメントと解放を促進する、実践に基づいた専門職であり学問である。社会正義、人権、集団的責任、および多様性尊重の諸原理は、ソーシャルワークの中核をなす。ソーシャルワークの理論、社会科学、人文学、および地域・民族固有の知を基盤として、ソーシャルワークは、生活課題に取り組みウェルビーイングを高めるよう、人々やさまざまな構造に働きかける。
>
> 　この定義は、各国および世界の各地域で展開してもよい。　　　　　　(IFSW;2014.7)※注1

　われわれは、ソーシャルワークの知識、技術の専門性と倫理性の維持、向上が専門職の責務であることを認識し、本綱領を制定してこれを遵守することを誓約する。

原理

Ⅰ　（人間の尊厳）ソーシャルワーカーは、すべての人々を、出自、人種、民族、国籍、性別、性自認、性的指向、年齢、身体的精神的状況、宗教的文化的背景、社会的地位、経済状況などの違いにかかわらず、かけがえのない存在として尊重する。

Ⅱ　（人権）ソーシャルワーカーは、すべての人々を生まれながらにして侵すことのできない権利を有する存在であることを認識し、いかなる理由によってもその権利の抑圧・侵害・

略奪を容認しない。

Ⅲ （社会正義）ソーシャルワーカーは、差別、貧困、抑圧、排除、無関心、暴力、環境破壊などの無い、自由、平等、共生に基づく社会正義の実現をめざす。

Ⅳ （集団的責任）ソーシャルワーカーは、集団の有する力と責任を認識し、人と環境の双方に働きかけて、互恵的な社会の実現に貢献する。

Ⅴ （多様性の尊重）ソーシャルワーカーは、個人、家族、集団、地域社会に存在する多様性を認識し、それらを尊重する社会の実現をめざす。

Ⅵ （全人的存在）ソーシャルワーカーは、すべての人々を生物的、心理的、社会的、文化的、スピリチュアルな側面からなる全人的な存在として認識する。

倫理基準

Ⅰ クライエントに対する倫理責任

1. （クライエントとの関係）ソーシャルワーカーは、クライエントとの専門的援助関係を最も大切にし、それを自己の利益のために利用しない。

2. （クライエントの利益の最優先）ソーシャルワーカーは、業務の遂行に際して、クライエントの利益を最優先に考える。

3. （受容）ソーシャルワーカーは、自らの先入観や偏見を排し、クライエントをあるがままに受容する。

4. （説明責任）ソーシャルワーカーは、クライエントに必要な情報を適切な方法・わかりやすい表現を用いて提供する。

5. （クライエントの自己決定の尊重）ソーシャルワーカーは、クライエントの自己決定を尊重し、クライエントがその権利を十分に理解し、活用できるようにする。また、ソーシャルワーカーは、クライエントの自己決定が本人の生命や健康を大きく損ねる場合や、他者の権利を脅かすような場合は、人と環境の相互作用の視点からクライエントとそこに関係する人々相互のウェルビーイングの調和を図ることに努める。

6. （参加の促進）ソーシャルワーカーは、クライエントが自らの人生に影響を及ぼす決定や行動のすべての局面において、完全な関与と参加を促進する。

7. （クライエントの意思決定への対応）ソーシャルワーカーは、意思決定が困難なクライエントに対して、常に最善の方法を用いて利益と権利を擁護する。

8. （プライバシーの尊重と秘密の保持）ソーシャルワーカーは、クライエントのプライバシーを尊重し秘密を保持する。

9. （記録の開示）ソーシャルワーカーは、クライエントから記録の開示の要求があった場合、非開示とすべき正当な事由がない限り、クライエントに記録を開示する。

10. （差別や虐待の禁止）ソーシャルワーカーは、クライエントに対していかなる差別・虐待

もしない。

11. (権利擁護)ソーシャルワーカーは、クライエントの権利を擁護し、その権利の行使を促進する。

12. (情報処理技術の適切な使用)ソーシャルワーカーは、情報処理技術の利用がクライエントの権利を侵害する危険性があることを認識し、その適切な使用に努める。

Ⅱ 組織・職場に対する倫理責任

1. (最良の実践を行う責務)ソーシャルワーカーは、自らが属する組織・職場の基本的な使命や理念を認識し、最良の業務を遂行する。

2. (同僚などへの敬意)ソーシャルワーカーは、組織・職場内のどのような立場にあっても、同僚および他の専門職などに敬意を払う。

3. (倫理綱領の理解の促進)ソーシャルワーカーは、組織・職場において本倫理綱領が認識されるよう働きかける。

4. (倫理的実践の推進)ソーシャルワーカーは、組織・職場の方針、規則、業務命令がソーシャルワークの倫理的実践を妨げる場合は、適切・妥当な方法・手段によって提言し、改善を図る。

5. (組織内アドボカシーの促進)ソーシャルワーカーは、組織・職場におけるあらゆる虐待または差別的・抑圧的な行為の予防および防止の促進を図る。

6. (組織改革)ソーシャルワーカーは、人々のニーズや社会状況の変化に応じて組織・職場の機能を評価し必要な改革を図る。

Ⅲ 社会に対する倫理責任

1. (ソーシャル・インクルージョン)ソーシャルワーカーは、あらゆる差別、貧困、抑圧、排除、無関心、暴力、環境破壊などに立ち向かい、包摂的な社会をめざす。

2. (社会への働きかけ)ソーシャルワーカーは、人権と社会正義の増進において変革と開発が必要であるとみなすとき、人々の主体性を活かしながら、社会に働きかける。

3. (グローバル社会への働きかけ)ソーシャルワーカーは、人権と社会正義に関する課題を解決するため、全世界のソーシャルワーカーと連帯し、グローバル社会に働きかける。

Ⅳ 専門職としての倫理責任

1. (専門性の向上)ソーシャルワーカーは、最良の実践を行うために、必要な資格を所持し、専門性の向上に努める。

2. (専門職の啓発)ソーシャルワーカーは、クライエント・他の専門職・市民に専門職としての実践を適切な手段をもって伝え、社会的信用を高めるよう努める。

3. (信用失墜行為の禁止)ソーシャルワーカーは、自分の権限の乱用や品位を傷つける行いなど、専門職全体の信用失墜となるような行為をしてはならない。

4. (社会的信用の保持)ソーシャルワーカーは、他のソーシャルワーカーが専門職業の社会的信用を損なうような場合、本人にその事実を知らせ、必要な対応を促す。

資料

5．(専門職の擁護)ソーシャルワーカーは、不当な批判を受けることがあれば、専門職として連帯し、その立場を擁護する。

6．(教育・訓練・管理における責務)ソーシャルワーカーは、教育・訓練・管理を行う場合、それらを受ける人の人権を尊重し、専門性の向上に寄与する。

7．(調査・研究)ソーシャルワーカーは、すべての調査・研究過程で、クライエントを含む研究対象の権利を尊重し、研究対象との関係に十分に注意を払い、倫理性を確保する。

8．(自己管理)ソーシャルワーカーは、何らかの個人的・社会的な困難に直面し、それが専門的判断や業務遂行に影響する場合、クライエントや他の人々を守るために必要な対応を行い、自己管理に努める。

注1．本綱領には「ソーシャルワーク専門職のグローバル定義」の本文のみを掲載してある。なお、アジア太平洋(2016年)および日本(2017年)における展開が制定されている。

注2．本綱領にいう「ソーシャルワーカー」とは、本倫理綱領を遵守することを誓約し、ソーシャルワークに携わる者をさす。

注3．本綱領にいう「クライエント」とは、「ソーシャルワーカーク専門職のグローバル定義」に照らし、ソーシャルワーカーに支援を求める人々、ソーシャルワークが必要な人々および変革や開発、結束の必要な社会に含まれるすべての人々をさす。

4 社会福祉士の倫理綱領

公益社団法人日本社会福祉士会
2020年6月30日採択

前文

われわれ社会福祉士は、すべての人が人間としての尊厳を有し、価値ある存在であり、平等であることを深く認識する。われわれは平和を擁護し、社会正義、人権、集団的責任、多様性尊重および全人的存在の原理に則り、人々がつながりを実感できる社会への変革と社会的包摂の実現をめざす専門職であり、多様な人々や組織と協働することを言明する。

われわれは、社会システムおよび自然的・地理的環境と人々の生活が相互に関連していることに着目する。社会変動が環境破壊および人間疎外をもたらしている状況にあって、この専門職が社会にとって不可欠であることを自覚するとともに、社会福祉士の職責についての一般社会及び市民の理解を深め、その啓発に努める。

われわれは、われわれの加盟する国際ソーシャルワーカー連盟と国際ソーシャルワーク教育学校連盟が採択した、次の「ソーシャルワーク専門職のグローバル定義」(2014年7月)を、ソーシャルワーク実践の基盤となるものとして認識し、その実践の拠り所とする。

ソーシャルワーク専門職のグローバル定義

　ソーシャルワークは、社会変革と社会開発、社会的結束、および人々のエンパワメントと解放を促進する、実践に基づいた専門職であり学問である。社会正義、人権、集団的責任、および多様性尊重の諸原理は、ソーシャルワークの中核をなす。ソーシャルワークの理論、社会科学、人文学、および地域・民族固有の知を基盤として、ソーシャルワークは、生活課題に取り組みウェルビーイングを高めるよう、人々やさまざまな構造に働きかける。

　この定義は、各国および世界の各地域で展開してもよい。

(IFSW;2014.7.)　※注1

われわれは、ソーシャルワークの知識、技術の専門性と倫理性の維持、向上が専門職の責務であることを認識し、本綱領を制定してこれを遵守することを誓約する。

原理

Ⅰ （人間の尊厳）社会福祉士は、すべての人々を、出自、人種、民族、国籍、性別、性自認、性的指向、年齢、身体的精神的状況、宗教的文化的背景、社会的地位、経済状況などの違いにかかわらず、かけがえのない存在として尊重する。

Ⅱ （人権）社会福祉士は、すべての人々を生まれながらにして侵すことのできない権利を有する存在であることを認識し、いかなる理由によってもその権利の抑圧・侵害・略奪を容認しない。

Ⅲ （社会正義）社会福祉士は、差別、貧困、抑圧、排除、無関心、暴力、環境破壊などの無い、自由、平等、共生に基づく社会正義の実現をめざす。

Ⅳ （集団的責任）社会福祉士は、集団の有する力と責任を認識し、人と環境の双方に働きかけて、互恵的な社会の実現に貢献する。

Ⅴ （多様性の尊重）社会福祉士は、個人、家族、集団、地域社会に存在する多様性を認識し、それらを尊重する社会の実現をめざす。

Ⅵ （全人的存在）社会福祉士は、すべての人々を生物的、心理的、社会的、文化的、スピリチュアルな側面からなる全人的な存在として認識する。

倫理基準

Ⅰ　クライエントに対する倫理責任

1．（クライエントとの関係）社会福祉士は、クライエントとの専門的援助関係を最も大切にし、それを自己の利益のために利用しない。

2．（クライエントの利益の最優先）社会福祉士は、業務の遂行に際して、クライエントの利益を最優先に考える。

3．（受容）社会福祉士は、自らの先入観や偏見を排し、クライエントをあるがままに受容する。

4．（説明責任）社会福祉士は、クライエントに必要な情報を適切な方法・わかりやすい表現を用いて提供する。

5．（クライエントの自己決定の尊重）社会福祉士は、クライエントの自己決定を尊重し、クライエントがその権利を十分に理解し、活用できるようにする。また、社会福祉士は、クライエントの自己決定が本人の生命や健康を大きく損ねる場合や、他者の権利を脅かすような場合は、人と環境の相互作用の視点からクライエントとそこに関係する人々相互のウェルビーイングの調和を図ることに努める。

6．（参加の促進）社会福祉士は、クライエントが自らの人生に影響を及ぼす決定や行動のすべての局面において、完全な関与と参加を促進する。

7．（クライエントの意思決定への対応）社会福祉士は、意思決定が困難なクライエントに対して、常に最善の方法を用いて利益と権利を擁護する。

8．（プライバシーの尊重と秘密の保持）社会福祉士は、クライエントのプライバシーを尊重し秘密を保持する。

9．（記録の開示）社会福祉士は、クライエントから記録の開示の要求があった場合、非開示とすべき正当な事由がない限り、クライエントに記録を開示する。

10．（差別や虐待の禁止）社会福祉士は、クライエントに対していかなる差別・虐待もしない。

11．（権利擁護）社会福祉士は、クライエントの権利を擁護し、その権利の行使を促進する。

12. (情報処理技術の適切な使用)社会福祉士は、情報処理技術の利用がクライエントの権利を侵害する危険性があることを認識し、その適切な使用に努める。

Ⅱ　組織・職場に対する倫理責任

1. (最良の実践を行う責務)社会福祉士は、自らが属する組織・職場の基本的な使命や理念を認識し、最良の業務を遂行する。
2. (同僚などへの敬意)社会福祉士は、組織・職場内のどのような立場にあっても、同僚および他の専門職などに敬意を払う。
3. (倫理綱領の理解の促進)社会福祉士は、組織・職場において本倫理綱領が認識されるよう働きかける。
4. (倫理的実践の推進)社会福祉士は、組織・職場の方針、規則、業務命令がソーシャルワークの倫理的実践を妨げる場合は、適切・妥当な方法・手段によって提言し、改善を図る。
5. (組織内アドボカシーの促進)社会福祉士は、組織・職場におけるあらゆる虐待または差別的・抑圧的な行為の予防および防止の促進を図る。
6. (組織改革)社会福祉士は、人々のニーズや社会状況の変化に応じて組織・職場の機能を評価し必要な改革を図る。

Ⅲ　社会に対する倫理責任

1. (ソーシャル・インクルージョン)社会福祉士は、あらゆる差別、貧困、抑圧、排除、無関心、暴力、環境破壊などに立ち向かい、包摂的な社会をめざす。
2. (社会への働きかけ)社会福祉士は、人権と社会正義の増進において変革と開発が必要であるとみなすとき、人々の主体性を活かしながら、社会に働きかける。
3. (グローバル社会への働きかけ)社会福祉士は、人権と社会正義に関する課題を解決するため、全世界のソーシャルワーカーと連帯し、グローバル社会に働きかける。

Ⅳ　専門職としての倫理責任

1. (専門性の向上)社会福祉士は、最良の実践を行うために、必要な資格を所持し、専門性の向上に努める。
2. (専門職の啓発)社会福祉士は、クライエント・他の専門職・市民に専門職としての実践を適切な手段をもって伝え、社会的信用を高めるよう努める。
3. (信用失墜行為の禁止)社会福祉士は、自分の権限の乱用や品位を傷つける行いなど、専門職全体の信用失墜となるような行為をしてはならない。
4. (社会的信用の保持)社会福祉士は、他の社会福祉士が専門職業の社会的信用を損なうような場合、本人にその事実を知らせ、必要な対応を促す。
5. (専門職の擁護)社会福祉士は、不当な批判を受けることがあれば、専門職として連帯し、その立場を擁護する。
6. (教育・訓練・管理における責務)社会福祉士は、教育・訓練・管理を行う場合、それら

を受ける人の人権を尊重し、専門性の向上に寄与する。

7.（調査・研究）社会福祉士は、すべての調査・研究過程で、クライエントを含む研究対象の権利を尊重し、研究対象との関係に十分に注意を払い、倫理性を確保する。

8.（自己管理）社会福祉士は、何らかの個人的・社会的な困難に直面し、それが専門的判断や業務遂行に影響する場合、クライエントや他の人々を守るために必要な対応を行い、自己管理に努める。

注1. 本綱領には「ソーシャルワーク専門職のグローバル定義」の本文のみを掲載してある。なお、アジア太平洋（2016年）および日本（2017年）における展開が制定されている。

注2. 本綱領にいう「社会福祉士」とは、本倫理綱領を遵守することを誓約し、ソーシャルワークに携わる者をさす。

注3. 本綱領にいう「クライエント」とは、「ソーシャルワーク専門職のグローバル定義」に照らし、ソーシャルワーカーに支援を求める人々、ソーシャルワークが必要な人々および変革や開発、結束の必要な社会に含まれるすべての人々をさす。

索　引

あ

アウトリーチ	17,72
アクション・システム	7
アセスメント	21,103
意思決定	93
意図的な感情表出	86
インフォーマル	17,21
ウェルビーイング	6,133
エンパワメント	69

か

概念化	126
価値	23,69
価値規範	23
カデューシン	79
間接経験	126
カンファレンス	109,110
技術	69
共感的理解	85
行政計画	46
記録	53,66
具体的経験	126
クライエント・システム	7,17
クライエントの自己決定	87
クライエントの理解	41
グローバル定義	6,138
ケア会議	109,110
経験学習サイクル	129
傾聴	84
ケースカンファレンス	98
ケーグル	54
言語化	66,131
言語コミュニケーション	81

け（権利擁護～）

権利擁護	21,69,71
個	17,58
考察	55
コーディネーション	17,74
コーディネーター	26
個人情報保護	34,71
個別化	86
個別支援	102,108
個別支援計画	28,102,105
コミュニケーション	79
コミュニティ	78
コルブ	36,37,125,126
コンピテンシー	26

さ

ジェネラリスト・ソーシャルワーク	7,129,138
ジェネリック	129
支援計画	17
自己覚知	38
自己評価	55,133
自己評価シート	66
姿勢と距離感	85
事前訪問	48
実習教育	2
実習記録	54,66,132
実習計画	24,65
実習計画書	25,49,65
実習施設	91
実習指導者	3,67
実習スーパービジョン	16,67
実習担当教員	25
実習内容	3,55
実習日誌	54,66
実習評価	133

索　引　165

索引

実習プログラム	16,54,132
実習報告会	135
実習報告書	66,134
質問	85
社会資源	17,97
社会福祉士	2
社会福祉士及び介護福祉士法	25
社会福祉士実習指導者講習会	16
社会福祉士の倫理綱領	69,159
守秘義務	23,34,88
受容	86
巡回指導	21,55
焦点化	58,88
職業倫理	21
ジョンソン	7
事例検討会	98
人員配置基準	91
人的資源	114
SWOT分析	96
スーパーバイザー	16
スーパーバイジー	16
ストレッチ	126
ストレングス	21
スペシフィック	129
生活課題	2,10
省察	126
精神保健福祉士	2
制度的資源	114
説明責任	54
セルフエンパワメント	132
セルフスーパービジョン	132
専門性	23
相談援助	4
ソーシャルアクション	17,76
ソーシャルワーカーの倫理綱領	155

ソーシャルワーク	5,7
ソーシャルワーク実習	20
ソーシャルワーク実習教育内容・実習評価 ガイドライン	149
ソーシャルワーク実習指導	22
ソーシャルワーク実習指導ガイドライン	142
ソーシャルワーク実習指導・実習のための教育ガイド ライン	34
ソーシャルワーク専門職のグローバル定義の日本にお ける展開	138

た

ターゲット・システム	7
多職種連携	92,108,117
短期目標	106
地域	17,58
地域アセスメント	44
地域課題	28,97,115
地域共生社会	2
地域ケア会議	115,118
地域支援	113
地域社会	2
地域踏査	115
地域包括ケアシステム	129
地域包括支援センター	28
チームアプローチ	108
チームマネジメント	21
チェンジ・エージェント・システム	7
知識	69
長期目標	106
直接経験	126
デマンド	104
動機づけ	29
統制された情緒関与	86

な

ニーズ	17,106
二重構造	16
ネゴシエーション	17,74
ネットワーキング	17,73
ネットワーク	102

は

バイオ・サイコ・ソーシャル	103
バイステック	85
ピア・スーパービジョン	131
PDCA サイクル	54
非言語コミュニケーション	82
非審判的態度	87
秘密保持	87
評価	21
ピンカス	7
ファシリテーション	17,75
フィードバック	67
フォーマル	21
物的資源	114
プライバシーの権利	34
振り返り	24,66,124
振り返り表	67
プレゼンテーション	17,75
包括的支援機能	5
法的根拠	39

ま

マクロレベル	2,137
マッピング	97
ミクロ・メゾ・マクロ	7,53,136

ミクロレベル	2,136
ミナハン	7
明確化	88
メゾレベル	2,136
モニタリング	21,107,116

や

ヤンカ	7
4＋1の力	9,12,27,77,89,99,110,118,136

ら

リスクマネジメント	34
リフレクション	125
倫理	23,69
倫理綱領	23,35
倫理的ジレンマ	70,133

編著者一覧　　　　　　　　　　　　　　　　　　　　　　　※所属等は初版刊行時

監　修
日本福祉大学社会福祉実習教育研究センター

編　集（五十音順）
伊藤大介／上山崎悦代／川島ゆり子／杉本浩章

執筆および執筆分担（執筆順）

添田正揮（日本福祉大学社会福祉学部准教授、社会福祉実習教育研究センター長）…刊行にあたって

杉本浩章（日本福祉大学福祉経営学部教授）…序章第1節、第1章第1節

川島ゆり子（日本福祉大学社会福祉学部教授）…序章第2節・第3節、第2章コラム

中村信次（日本福祉大学副学長）…序章コラム

浅石裕司（日本福祉大学福祉経営学部助教）…第1章第2節

子安由美子（日本福祉大学福祉経営学部助教）…第1章第3節、第4章第1節

太田健一（日本福祉大学福祉経営学部助教）…第2章第1節

片岡志保（日本福祉大学福祉経営学部講師）…第2章第2節・第3節

安藤健一（日本福祉大学福祉経営学部准教授）…第2章第4節

上山崎悦代（日本福祉大学福祉経営学部准教授）…第3章第1節、第4章第3節

原田康信（日本福祉大学社会福祉学部助教）…第3章第2節

伊藤大介（日本福祉大学社会福祉学部講師）…第3章第2節〜第6節の最終項

加藤弘典（日本福祉大学福祉経営学部助教）…第3章第3節

岩田　純（日本福祉大学福祉経営学部講師）…第3章第4節

吉川真由美（日本福祉大学社会福祉学部助教）…第3章第5節

岸　佑太（日本福祉大学社会福祉学部助教）…第3章第6節

中村将洋（日本福祉大学福祉経営学部助教）…第4章第2節

木戸利秋（日本福祉大学名誉教授、前社会福祉実習教育研究センター長）…おわりに

総合的な実践力を獲得するソーシャルワーク実習

個と地域に働きかける「４＋１の力」

2024年10月20日　発行

監　修　日本福祉大学社会福祉実習教育研究センター
編　集　伊藤大介、上山崎悦代、川島ゆり子、杉本浩章
発行者　荘村明彦
発行所　中央法規出版株式会社
　　　　〒110-0016　東京都台東区台東3-29-1　中央法規ビル
　　　　Tel 03-6387-3196
　　　　https://www.chuohoki.co.jp/

印刷・製本　株式会社太洋社
本文・装幀デザイン　株式会社アドクレール

定価はカバーに表示してあります。
ISBN978-4-8243-0127-7
本書のコピー、スキャン、デジタル化等の無断複製は、著作権法上での例外を除き禁じられています。
また、本書を代行業者等の第三者に依頼してコピー、スキャン、デジタル化することは、たとえ個人や
家庭内での利用であっても著作権法違反です。
落丁本・乱丁本はお取り替えいたします。
本書の内容に関するご質問については、下記URLから「お問い合わせフォーム」にご入力いただきます
ようお願いいたします。
https://www.chuohoki.co.jp/contact/

A127